Psychodynamische Psychotherapie mit Kindern, Jugendlichen und jungen Erwachsenen

Perspektiven für Theorie, Praxis und Anwendungen
im 21. Jahrhundert

Herausgegeben von Arne Burchartz, Hans Hopf und Christiane Lutz

Christiane Lutz

Mythen und Märchen in der psychodynamischen Therapie von Kindern und Jugendlichen

Verlag W. Kohlhammer

Dieses Werk einschließlich aller seiner Teile ist urheberrechtlich geschützt. Jede Verwendung außerhalb der engen Grenzen des Urheberrechts ist ohne Zustimmung des Verlags unzulässig und strafbar. Das gilt insbesondere für Vervielfältigungen, Übersetzungen, Mikroverfilmungen und für die Einspeicherung und Verarbeitung in elektronischen Systemen.
Die Wiedergabe von Warenbezeichnungen, Handelsnamen und sonstigen Kennzeichen in diesem Buch berechtigt nicht zu der Annahme, dass diese von jedermann frei benutzt werden dürfen. Vielmehr kann es sich auch dann um eingetragene Warenzeichen oder sonstige geschützte Kennzeichen handeln, wenn sie nicht eigens als solche gekennzeichnet sind.

1. Auflage 2016

Alle Rechte vorbehalten
© W. Kohlhammer GmbH, Stuttgart
Gesamtherstellung: W. Kohlhammer GmbH, Stuttgart

Print:
ISBN 978-3-17-030157-3

E-Book-Formate:
pdf: ISBN 978-3-17-030158-0
epub: ISBN 978-3-17-030159-7
mobi: ISBN 978-3-17-030160-3

Für den Inhalt abgedruckter oder verlinkter Websites ist ausschließlich der jeweilige Betreiber verantwortlich. Die W. Kohlhammer GmbH hat keinen Einfluss auf die verknüpften Seiten und übernimmt hierfür keinerlei Haftung.

Inhaltsverzeichnis

Einleitung 11

1 **Der Begriff des Mythos – Versuch einer Annäherung** 13
1.1 Das Wesen des Mythos 14
1.2 Gehalt und Inhalt der Mythen 15
1.3 Wirksamkeit der Mythen 17
1.4 Funktion des Mythos 18
1.5 Die Verständnisebenen des Mythos – Der Umgang mit Raum und Zeit 19
1.6 Mythos und Sprache 20

2 **Die Mythen der Welt** 22
2.1 Die ägyptischen Mythen 22
    2.1.1 Die Realität von Tod und Leben als zusammengehörige Ganzheit 23
    2.1.2 Die Notwendigkeit, ins Dunkel zu gehen, die Wahrnehmung des Schattens 25
    2.1.3 Auseinandersetzung mit den chthonischen Kräften der Tiefe 27
    2.1.4 Krisis und Zweifel, die Gefahr der Vernichtung 28
    2.1.5 Erstarrung, Angst, Rückzug und kritisches Bewusstsein 29
    2.1.6 Nut umschließt das Zusammengehörige, die Erfahrung der eigenen Ganzheit 30
    2.1.7 Seth, die Konfrontation mit dem Bösen als äußere und innere Wirklichkeit 31

	2.1.8 Die Vereinigung von Tod und Leben ist Ganzheit	32
	2.1.9 Das Totengericht – Die Bedeutung der Emotionalität und die Konfrontation mit dem Angemessenen in Gestalt der Maat	33
	2.1.10 Die Heilung des Auges, ein neues Sehen und Erkennen	34
	2.1.11 Thoeris, die schwangere Göttin, die Bewältigung des Vergangenen und die Hoffnung auf Neuanfang	35
	2.1.12 Osiris, der Gott der Toten, erlaubt Auferstehung und Neuwerdung	36
2.2	Die griechischen Mythen	39
	2.2.1 Macht und Ohnmacht: Die Genealogie der ersten griechischen Götter Uranus, Kronos und Zeus	40
	2.2.2 Bindung und Loyalität gegenüber der Mutter: Apoll, Artemis, Leto und Niobe....	41
	2.2.3 Schuld und Sühne in der Mehrgenerationenperspektive am Beispiel des Ödipus	42
	2.2.4 Elterliche Fürsorge oder Zwang in die Abhängigkeit: Daidalos und Ikarus	47
	2.2.5 Ambivalenz in der Mutter-Sohn-Beziehung: Hera und Hephaistos	49
	2.2.6 Mütterliches Bindungsbedürfnis: Demeter und Kore	51
	2.2.7 Die Suche nach Ich-Identität: Achill	52
	2.2.8 Rivalität unter Brüdern und die Rolle des Tricksters: Hermes und Apoll	53
	2.2.9 Weibliche Rollenvorbilder: Penelope und Klytämnestra	55
	2.2.10 Geist contra Emotion: Dionysos und Apoll	57
2.3	Die geheimnisvollen Mythen der Etrusker	62
	2.3.1 Die Götter der Etrusker, ihr Wille, ihre Deutung	62

		2.3.2	Die Disziplina und die libri ritualis	64
		2.3.3	Spiritualität und die Frage nach dem Sinn ...	65
		2.3.4	Die Stellung der Frau.......................	67
		2.3.5	Weisheit der Kindheit, Weisheit des Alters: Tages der Kindgreis	67
	2.4	Die Mythen der Germanen		69
		2.4.1	Die Götter der Germanen	69
		2.4.2	Der Mythos der Weltesche Yggdrasil	73
		2.4.3	Der Nibelungenmythos.....................	75
		2.4.4	Die Völsungensaga	78
		2.4.5	Der Mythos um Beowulf	81

3 **Die Bedeutung der Märchen in der psychodynamischen Psychotherapie von Kindern und Jugendlichen** 86
   3.1 Märchen und Märchenforschung 86
   3.2 Märchen und Kinder 88
   3.3 Gehalt der Märchen 90
      3.3.1 Märchen und Wunscherfüllung............. 91
      3.3.2 Märchen und Kompensation 91
      3.3.3 Entwicklungsmärchen 92
      3.3.4 Reifungsmärchen.......................... 93
      3.3.5 Erlösungsmärchen......................... 95
      3.3.6 Die »Übersetzung« der Märchen in die psychologisch notwendigen Entwicklungsprozesse 95
   3.4 Beziehungen im Märchen 99
      3.4.1 Zwei gleich starke Partner in Machtkampf oder Übereinstimmung 100
      3.4.2 Ein starker Mann begegnet einer schwachen Frau und macht sie zu seinem Objekt 102
      3.4.3 Ein schwacher Mann ist mit einer starken Frau verbunden 105
      3.4.4 Eltern und Kinder 108
   3.5 Geschwister 131
      3.5.1 Schwester und Bruder 132

3.5.2   Drei Schwestern 134
3.5.3   Drei Brüder 137
3.6   Polarität im Märchen 143
  3.6.1   Angst und Zuversicht 143
  3.6.2   Einsamkeit und Sehnsucht nach
          Verbundenheit 146
  3.6.3   Depression und Aggression 147
  3.6.4   Gefährdung und Errettung 150
  3.6.5   Verkanntsein im Wert, Erkanntwerden
          in Würde 151

4 Mythen und Märchen in ihrem entwicklungsfördernden Gehalt – der Bezug zur Praxis 156

4.1   Der Umgang mit Ohnmachtsgefühlen angesichts
      schicksalhafter Gegebenheiten 156
  4.1.1   Mythos: Odysseus zwischen Skylla und
          Charybdis 157
  4.1.2   Das Märchen vom tapferen Schneiderlein... 159
4.2   Umgang mit Gefühlen der Hoffnungslosigkeit in
      Lebensgefahr 160
  4.2.1   Mythos: Odysseus und Polyphem 160
  4.2.2   Märchen »Der Däumling« (Brüder Grimm). 162
4.3   Eine schuldhaft belastete familiäre Vergangenheit
      wird als Erbe an die nächsten Generationen
      weitergegeben 165
  4.3.1   Mythos: Das Haus Atreus mit Tantalos,
          Thyestes und Agamemnon 165
  4.3.2   Märchen »Rapunzel« (Brüder Grimm) 168
4.4   Umgang mit Loyalität und Schuldgefühl 170
  4.4.1   Mythos: Elektra und Orest 170
  4.4.2   Märchen »Die sieben Raben« (Brüder
          Grimm) 172

5 Nachwort... 177

Literaturverzeichnis.. 179

Stichwortverzeichnis... 183

Einleitung

Mythen und Märchen sind vielen Menschen vertraut als schöne, aufregende ermutigende und gelegentlich auch grausame Geschichten. Sie erinnern an Stunden einer Kindheit, die nicht immer unbeschwert waren, in denen diese Geschichten jedoch ihre tröstende und heilende Kraft entfalteten.

Im Wissen um ihre symbolisch zu verstehenden Antworten auf Lebensrätsel erlauben sie auch heute in gleicher Weise Orientierung und Hilfestellung. Das Geheimnis ihrer Botschaften, die aus dem archetypischen Urgrund kommen, unterstützt die selbstheilenden Kräfte im Menschen.

Mythen und Märchen beschreiben die Gesetzmäßigkeiten im Leben wie im Tod. Sie lassen Ängste, Hilflosigkeit und Verzweiflung zu, vermitteln aber auch immer den Glauben an ein gutes Ende.

Sie transportieren diese Wahrheiten ohne psychologische Erklärung über die lebendige therapeutische Beziehung. Darum ist es wichtig, dass sie, wenn sie in ihrer therapeutischen Form genutzt werden sollen, immer von der lebendigen und bezogenen Haltung des Therapeuten getragen werden müssen. Sie brauchen die menschliche Stimme, sie brauchen auch reflektierende Pausen. Diese Unterbrechungen zuzulassen, die auftauchenden Gefühle zu reflektieren, bedeutet ein wichtiges therapeutisches Tun, zu dem auch Eltern und Erzieher angeregt werden können. Mythen und Märchen wollen jedoch nicht nur mitgeteilt, sondern über das lebendige Mitschwingen des Therapeuten in der Vielfalt der angesprochenen Gefühle erlebt werden.

Indem man miteinander in die geheimnisvolle Welt voller Wunder und Magie eintaucht, setzen sich Therapeut und Kind gemeinsam den Wirkmächten kollektiver menschlicher Erfahrungen aus. Grausamkeit und auftauchende Ängste, Hilflosigkeit und Rettung, Verwicklung und wundersame Errettung, all diese polaren Situationen finden in einer von Vertrauen getragenen Beziehung Spannung und Lösung.

»Alles, was die Beziehungsfähigkeit von Kindern – zu sich selbst, zu anderen Menschen, zur Natur und zur Kultur, in der sie leben – verbessert, ist die wichtigste »Erziehungshilfe«, die wir unseren Kindern bieten können.« (Hüther 2011, S. 167)

Diese Botschaft ist der Kernpunkt jeglichen analytisch-therapeutischen Bemühens: Indem das Kind, der Jugendliche in den Mythen und Märchen sich und seine individuelle Situation »wiedererkennt«, verändert sich das Empfinden subjektiven und objektiven Mangels zugunsten von zunehmend belastbarer Ich-Integrität.

So repräsentieren diese archetypischen Erzählungen im weitesten Sinn therapeutische Wirkfaktoren, die Selbstwertgefühl und den Mut zur progressiven Lebensgestaltung unterstützen.

1 Der Begriff des Mythos – Versuch einer Annäherung

Wir brauchen die Mythologie, um die tiefsten Wahrheiten über uns selbst, unsere Ängste, unsere Träume, die Zukunft der Menschheit und der Welt, in der wir leben, erfassen zu können (de Rosa 1991, S. 20).

Wenn wir den Begriff etymologisch fassen wollen, bedeutet er Wort, Sage und Erzählung. Das heißt, den wahren Sachverhalt erzählen. Diese so bezeichneten Erzählungen schließen in sich die Mitteilung über das Tatsächliche und Wesentliche. Darum wurde ihnen in der Antike der Aspekt des Heiligen zugeordnet.

Im Mythos offenbart sich nach antiker Vorstellung das Göttliche als transzendente Gewissheit aber in numinoser Form. Ausgangspunkt ist immer das spontan nicht Wahrnehmbare. In der häufig paradoxen Mitteilung versucht der Mythos gerade das nicht Sichtbare offenbar werden zu lassen. Er trägt in sich die Herausforderung, in die chiffrierte Aussage eine Bedeutung hinein zu legen. Ein bezeichnendes Beispiel dafür sind die Orakelsprüche von Delphi. Im Bemühen, Irrationales über die Ratio sichtbar zu machen, kam es häufig zu Irrwegen und Lösungen, die am Geheimnis des Mythos vorbeigingen und an der Rätselhaftigkeit des Numinosen scheiterten.

Im Griechischen wird der Mythos deutlich vom Logos unterschieden. Dieser bezeichnet das Wort unter dem Aspekt des Richtigen. Der Logos umfasst Gedachtes, er wird bestimmt vom Verstand, ist logisch begründbar, rational zu beweisen. Der Logos braucht immer den Bezug zum anderen, von dem er sich dann als richtig abheben kann.

Der Mythos dagegen übersetzt sich mit dem »wahren Wort«. Im wahren Wort liegt im Bild, in der Anschauung die eigentliche Bedeutung.

1 Der Begriff des Mythos – Versuch einer Annäherung

Der Gehalt des Mythos ist zeit- und raumlos, letztlich überpersönlich, während der Logos an Zeit und Raum gebunden ist.

1.1 Das Wesen des Mythos

Der Mythos ist eine bildhafte Erzählung, in konkreter, anschaulicher Form. Er trennt nicht das Bild vom Gedanken. Erlebnis, Erfahrung und Reflexion sind ein ungeschiedenes Ganzes. Im Mythos manifestiert sich elementare Wahrheit. Er ist nicht an bestimmte kulturelle Stadien gebunden und ist zu allen Zeiten in seiner Gültigkeit erlebbar. Die Mythen haben letztlich immer einen Bezug zur Transzendenz, zum Göttlichen, das sich in den Geschichten in irgendeiner Weise offenbart. Diese Gesetzmäßigkeiten werden in den antiken Dramen des Aischylos, Sophokles und Euripides verwirklicht. Der Chor hat dabei immer die Funktion, das bildhafte Geschehen zu reflektieren und gleichzeitig die vielschichtigen Emotionen zu spiegeln.

Mythen sind überkommenes Erzählgut in praktisch allen Völkern der Vergangenheit und Gegenwart. Sie spiegeln archaische Gesellschaftsformen, egal ob sie mehr den matriarchalen oder patriarchalen Systemen zuzuordnen sind. Beide Schwerpunkte vertreten eine überindividuelle Perspektive und schließen keine Wertung in sich.

Mythen sind narrative Geschichten. Sie erzählen vom ständigen Bemühen ums Überleben und haben gleichzeitig die Aufgabe, Herausforderungen des lebendigen Lebens in seiner oft wenig spektakulären Alltäglichkeit zu bewältigen. Sie erzählen gleichzeitig aber auch von dramatischen Heldentaten, von der Begegnung mit übermenschlichen Mächten, mit Ungeheuern, Dämonen und Göttern, von Geistern und helfenden Vermittlern.

Ihre Gültigkeit liegt in der Tatsache, dass sie Urerfahrungen der Menschheit in symbolischer Verkleidung widerspiegeln, sie in Worten und Bildern zum Ausdruck bringen. Mythen besitzen die Möglichkeit, Unbegreifliches in bildhafter Sprache auszudrücken.

Damit können Mythen das Dasein erhellen, weil sie Antwort geben auf die existenziellen Fragen des Seins. Sie vermitteln über ihre Wahrheit Geborgenheit, die Sinn in die Lebensgestaltung bringt. Sie zeigen, dass wir mit unseren Wünschen und Ängsten, Gefühlen der Einsamkeit und der Verlassenheit, aber auch der Konfrontation von Gefahren als äußere und innere Konfliktsituationen nicht allein sind. In ihrer Zeitlosigkeit geben sie in allen Lebensaltern Orientierung und eröffnen letztlich Wege zum Heil im Sinne einer inneren Ganzheit.

1.2 Gehalt und Inhalt der Mythen

Mythen behandeln Urthemen:

- In den Theogonien werden Geburt und Schicksale der Götter behandelt. Es geht um die Polarität von natürlichen und übernatürlichen Kräften, Leben und Tod, Leib und Seele, Gut und Böse.
- In den Kosmogonien geht es um die Entstehung der Welt, um den Werdeprozess in Gestaltung und Entwicklung, von der Polarität von Diesseits und Jenseits, Himmel und Hölle.
- Die Soteriologien umfassen die Themen von Erlösung, von Heilbringern und Rettern, Heiligen und Sündern, Glück und Unglück, Seligkeit und Verdammnis.
- In der Eschatologie geht es um Endzeitstimmung, Untergang und Ende der Zeit, aber auch den Beginn einer zeitlosen Ewigkeit.

In früheren Zeiten lebten die Menschen noch ganz im mythischen Denken. Die Präsenz der Götter war wahrhaftig. Sie waren beim Opfer anwesend, das Erleben der Transzendenz war leibhaftig. Das Ende des mythischen Zeitalters wird etwa um das 8. vorchristliche Jahrhundert datiert. Mit dem Aufschreiben der Geschichte durch Homer löste der Logos den Mythos ab, ohne ihn in seiner Bedeutung schmälern zu können. Die Nähe zum Transzendenten war durch »Menschlichkeit« der antiken Gottheiten weiter präsent.

1 Der Begriff des Mythos – Versuch einer Annäherung

Der Mythos spricht weiterhin in erster Linie Gemüt und Empfindung an. Er ist irrational, polar, unkausal. Der Logos, bestimmt vom Denken, entwickelt Theorien und Systeme. Der Mythos beschreibt Phänomene. In ihm wird man des Hellen und des Dunklen ansichtig ohne eine primäre Bewertung. C. G. Jung beschreibt Mythen als den Mutterboden aller Träume und Jan Gebser sieht in den Mythen »wortgewordene Kollektivträume der Völker« (Gottschalk 1973, S. 20 und 21)

Mythen erklären die Geheimnisse des Lebens in einer symbolisch zu verstehenden Bildersprache. Es sind polare Themen und Perspektiven, die jedoch nicht kausal erklärt werden. Sie werden vielmehr wie Bilder dem Hörenden präsentiert und werden so verständlich und wirksam. Man könnte in einer Parallele die Erschaffung Adams in der Sixtinischen Kapelle durch Michelangelo heranziehen. Das Bild drückt die Wahrheit der ersehnten und vertrauensvoll erwarteten Bindung aus, mehr als es jedes Wort vermag. Ebenso verdeutlichen Mythen die Geheimnisse von Beziehungen in ihrer Ambivalenz und Sehnsucht. In gleicher Weise ist Geburt, Wachsen und Werden Thema und auf der anderen Seite Abschied, Trennung und Tod.

Bereits Plato bediente sich der mythologischen Bildersprache, um philosophische Weisheiten erlebbar zu machen (Höhlengleichnis), und auch Jesus sprach in Gleichnissen von der Komplexität der Welt und in ihr gelebten Beziehungen, die gerade darum uns, ebenso wie die Menschen vor 2000 Jahren, ansprechen. In der hinduistischen Medizin verordneten die Ärzte ihren Patienten bei seelischen Schwierigkeiten gleichnishafte Geschichten, über die sie meditieren sollten.

Unser westliches Denken versucht häufig die Wirksamkeit der bildhaften Gestaltung im Mythos kausal zu erklären, wodurch der Blick auf mögliche Problemlösungen verstellt wird.

1.3 Wirksamkeit der Mythen

Mythen können als Abbilder des Menschlichen Erlebens Widersprüchliches in der eigenen Wesenheit verständlich machen. Beziehungsdramen in der Eltern-Kind-Interaktion ebenso wie in der Paardynamik werden über eine emotionale Parallelsetzung entschärft und entlasten dadurch. Sie können damit Ängste relativieren und von Schuldgefühlen entlasten. Im Mythos zeichnen sich häufig Entsprechungen hinsichtlich der Entwicklung eines Kindes ab. Dadurch wird seitens der Eltern Verständnis möglich. Mythen bieten, wenn auch gelegentlich in verschlüsselter Form, Lösungsimpulse an, die Erziehungsschwierigkeiten relativieren. Dadurch kann sich wachsende Sicherheit einstellen, die zunehmend Geborgenheit im Menschlich-Allzumenschlichen verspricht.

Mythen zeigen in ihren farbigen Bildern, dass Eltern wie Kinder ihren vielschichtigen und oft ambivalenten Gefühlen nicht hilflos ausgeliefert sein müssen. Sie signalisieren Herausforderungen, aber auch Aufgaben, die aktiv in Angriff genommen werden wollen.

Dunkel und Licht, Hilflosigkeit, Verzweiflung und Zuversicht sind die archetypischen Pole zwischen denen sich das Leben im Mythos einst und in der Realität heute vollzieht.

Mythen zeichnen polare Spannungen nach. Diese können sich gegenseitig bedingen, sich ergänzen, aber sich auch ausschließen in den irrationalen Prinzipien von Raum und Zeit.

Sie setzen sich auf der Objektebene mit den Bedingungen der Natur auseinander, unterstreichen ihre Kräfte und die partielle Unterlegenheit des Menschen hinsichtlich der Naturgewalten (z. B. Meer und Winde, Dürre und Wüste, Sonne, Mond und Sternenmächte).

Sie drücken auf der Subjektebene gleichzeitig seelische Zustände und unbewusste Triebvorgänge aus. Diese Ebenen fließen immer wieder ineinander: Götter werden zu Menschen und verbinden sich mit ihnen. Auserwählte Helden und Heldinnen steigen ins Elysium auf, verlieren ihre menschliche Begrenztheit und gehören zu den Erleuchteten. Auf der anderen Seite können auch die Personen göttlicher Abstammung abstürzen und zu ewigen Strafen aufgrund ihrer Anmaßung verurteilt werden. Götter sind zwar allwissend, werden aber trotzdem betrogen. Beginn und Endzeit verknüpfen sich. Das Wissen um ein Ende wird immer schon am Anfang transparent. Beide Aspekte werden lebendig in einer oft dramatischer Gegenwart, in der die unterschiedlichsten polaren Prinzipien zu einer irrationalen Gemeinsamkeit finden.

1.4 Funktion des Mythos

- Mythen wollen über die Welt in ihrem Ursprung und Wesen aufklären
- Sie geben Hinweise über die Stellung, die Aufgaben und Herausforderungen, die das Leben an den Menschen stellt.
- Hierbei wird der Mensch sowohl in seiner Individualität als auch als kollektives Wesen angesprochen.
- Mythen beschäftigen sich mit den polaren Spannungsverhältnissen in der Welt, die sich einer rationalen Erklärung verschließen.
- Über eine emotionale »kindliche« Annäherung erschließt sich die Sinnhaftigkeit des Mythos.
- Mythen sind unter diesem Aspekt in der Lage, Lebens- und Todesangst zu verringern und analog Zuversicht und Vertrauen in die positiven Schicksalsmächte zu fördern.
- Mythen sind aktive Helfer in der Lebensbewältigung, indem sie verschiedene Verhaltens- und Reaktionsmuster skizzieren. Damit erlauben sie dem Menschen in seinem Handeln Flexibilität und Variabilität.
- Mythen verfügen über eine Psycho-Logik. Damit unterstützen sie den Prozess von Einsicht und Erkenntnis in die individuelle und kollektive Rätselhaftigkeit des Menschseins.
- Mythen sind beglaubigte Erzählungen über Wirklichkeiten. Dadurch erschließt sich metaphysisch die Realität in Tiefe und Wahrheit.

- Die mythische Erzählung ist unmittelbare Wirklichkeit. Sie ist vertraut, auch in ihren bedrohlichen Aspekten. Das ist ein Grund dafür, dass Kinder und Jugendliche davon fasziniert sind.
- Mythen haben eine überzeitliche Bedeutung. Das Geschehen gründet in einer Form von Vergangenheit und hat trotzdem bleibende Gültigkeit, indem sie die Gegenwart gestaltet und gleichzeitig die Zukunft beeinflusst (Totengericht in Ägypten).
- Diese überzeitliche Bedeutung wird in Kultus und in rituellen Festen (Weihnachten, Ostern etc.) vergegenwärtigt.
- Die gleiche Wirksamkeit der Gegenwärtigkeit des Bild gewordenen Mythos vollzieht sich in der darstellenden Kunst ebenso wie in der Musik.

»In der bildenden Kunst wie Plastik, Malerei, Graphik finden die mythischen Gestalten und Ereignisse als Ur- und Sinnbilder ihre Abbildung. Insbesondere zeigen Literatur und Umgangssprache die aktuelle Bedeutung des Mythos. Fast alle Wissenschaftsbereiche bedienen sich mythischer Begriffe: Geisteswissenschaften, Kunstgeschichte, Musikwissenschaft Theaterwissenschaft, Sportwissenschaften, Naturwissenschaften ...« (Bellinger 1999, S. 8).

1.5 Die Verständnisebenen des Mythos – Der Umgang mit Raum und Zeit

Das Charakteristikum des Mythos ist die Ungebundenheit an Zeit und Raum. Der Mythos ereignet sich jederzeit und überall. Trotz einer gewissen Zeitgebundenheit ruht er im Zeitlosen. Die mythische Zeit bleibt transparent, sie nutzt die »wissenschaftliche«, messbare Zeit nicht für ihre Struktur. Im Mythos begegnen sich Geschehnisse und Dinge in einer Unbedingtheit. So ließe sich zusammenfassend im Sinne Emma Brunner-Trauts sagen: Die Vergangenheit ist der Bereich des Faktischen, die Gegenwart repräsentiert das Wirkliche und die Zukunft umfasst das Mögliche. Damit wird das monotone Zeitkontinuum aufgehoben. Statt die Wahrheit zu finden, wie es die Wissenschaft fordert, geht es um Wahrheiten, die im kollektiven Gedächtnis gespeichert sind. Diese Wahrheiten können jedoch nur in Sinnbildern und Abbildern begreifbar werden (Brunner-Traut 1981, S. 6).

1.6 Mythos und Sprache

Die Geschichten und darin vorkommende Gestalten, Götter, Helden, Bösewichter und Untiere, um nur einige zu benennen, entsprechen bestimmten Vorstellungen des mythischen Denkens. In der Entsprechung lösen sie beim Zuhörer auch die gemeinten Vorstellungen aus. Es sind bestimmte grundlegende Muster, die sich symbolisch ausdrücken im Gegensatz zur rational determinierten Begrifflichkeit. Der Mythos hat eine eigene Sprache, die sich der symbolischen Aussage bedient. Diese kann nicht über die logische Erkenntnis verstanden werden, sondern nutzt die Vieldeutigkeit des Bildes.

»Denn der Mythos, eine Art von Symbolsprache teilt mit dem Zeichen die Schweigsamkeit. Das erkenntnismäßig nicht Erfassbare tendiert auf Vergegenwärtigung im Symbol, dem mythenmächtigen Zeichen und dem Mythos« (Brunner-Traut 1981, S. 37).

Zusammenfassung

Mythen sind bildhafte Erzählungen (»das Wahre«) und unterscheiden sich vom Logos (»das Gedachte«). Sie schildern Geschichten, die jedoch nicht rational, sondern intuitiv verstanden werden wollen. Sie spiegeln Urerfahrungen der Menschheit als archetypisches Wissen und faszinieren heute in gleicher Weise, wie vor 2000 Jahren. Ihre Wirksamkeit erschließt sich aus der Tatsache, dass sie existenzielle Fragen des Seins behandeln. Ihre Antwort ist jedoch nie eindeutig, sondern mehrdeutig, vergleichbar dem Orakel von Delphi.

Literatur zur vertiefenden Lektüre

Comte, F. (2008). *Mythen der Welt*. Darmstadt: Wissenschaftliche Buchgesellschaft.
Fink, G. (2003). *Who's who in der Antiken Mythologie* (11. Auflage). München: Deutscher Taschenbuch Verlag.
Lutz, C. (2010). *Mythen machen Kinder mutig*. Stuttgart: opus magnum.
Moormannn, E. M. & Uitterhoeve, W. (2010). *Lexikon der antiken Gestalten von Alexander bis Zeus*. Stuttgart: Alfred Kröner.
Pohlke, R. (2002). *Das wissen nur die Götter. Deutsche Redewendungen und ihr griechischer Ursprung*. Frankfurt/M., Leipzig: Insel.
Zingsem, V. (2008). *Göttinnen großer Kulturen*. Köln: Anaconda.

Weiterführende Fragen

- Wie erklärt sich die Faszinationsbereitschaft von Kindern und Jugendlichen hinsichtlich der Mythen?
- Warum erreicht das kausal-reduktive Denken nicht den Gehalt von Mythen?
- Welche Grundthemen des Menschseins bilden sich in Mythen ab?
- Gibt es einen Grund dafür, dass die Raum- und Zeitlosigkeit der Mythen die Wirksamkeit unterstreicht?

2 Die Mythen der Welt

Es gibt auf der ganzen Welt eine Fülle von Mythen, die sich mit menschlichen Themen in ihrer jeweiligen kulturell bedingten Ausdrucksform auseinandersetzen. Aus der Fülle der Möglichkeiten sind unserem Erleben manche Mythen näher, manche ferner. Ich habe darum diejenigen herausgegriffen, die einen prägenden Einfluss auf die Erlebnisformen und die Einstellung zum lebendigen Sein im mitteleuropäischen Raum ausgeübt haben und noch heute eine emotionale Faszination ausstrahlen.

2.1 Die ägyptischen Mythen

Die ägyptischen Mythen umkreisen als zentrales Thema Leben und Tod. Im Gegensatz zum abendländischen Denken, das dem Erbe der griechischen Antike verpflichtet ist, war der Tod für die alten Ägypter jedoch nicht das Ende, sondern der Beginn eines neuen Lebens. Ihre Überzeugung schlug sich in der gleichnishaften Äußerung nieder: »Du stirbst, damit du lebst«.

Die wunderbar ausgemalten Gräber nicht nur der Pharaonen sondern auch der Bürgerlichen und Handwerker zeugen von dieser Gewissheit. Tod wurde in der ägyptischen Vorstellung einerseits als Fortsetzung des bisherigen anderseits als Beginn eines neuen Lebens mit neuen Entwicklungs- und Gestaltungsmöglichkeiten verstanden.

Die symbolische Blickrichtung, die sich in der Traumdeutung C. G. Jungs schwerpunktmäßig widerspiegelt, stellt für diese Haltung eine Parallele dar. Tod ist in der Traumsprache, ebenso wie in Märchen und Mythen, ein Synonym für Wandlung. Wandlung als Ausdruck einer notwendigen Veränderung, um auf dem Weg der Erkenntnis weiterzugehen. Tod bedeutet, sich mit dem Dunkel des Unbewussten auseinanderzusetzen. Orpheus wagte sich in dieses Dunkel der Unterwelt, Herakles holte den Höllenhund Zerberos aus eben dieser Dunkelwelt, auch Odysseus wagte sich in dieses Reich. Aber auch der christliche Mythos kennt diese Notwendigkeit, wenn Christus »niedergefahren zur Hölle« ist. Auch Goethe beschrieb diesen notwendigen Prozess von Konfrontation und Wandlung, wenn Faust das Dunkelreich der Mütter besucht. Tod und Leben gehören zusammen, gemäß dem Wort Platos: »Tod ist ein langer Schlaf, Schlaf ist ein kurzer Tod.«

In ägyptischer Vorstellung wurden aufgrund der mythische Bezogenheit Leben und Wahrnehmung ganzheitlich empfunden. Gott und Mensch, aber auch das Göttliche in Tiergestalt, männlich und weiblich, waren keine Gegensätze, sondern eine zusammengehörige Ganzheit. Erst mit dem Ende des mythischen Erlebens, beginnend mit dem bewussten Denken und der schriftlichen Niederlegung der Mythen wurden sie zu Geschichten, zu Ausdrucksformen des polaren Denkens und Erlebens.

Stellvertretend für das mythische Erleben der Ägypter möchte ich das »Amduat« (Clarus 1980) beschreiben. Es ist der Weg der Erkenntnis, der sich in zwölf Stufen vollzieht und die Gesamtheit des Lebens im Werden und Vergehen umschließt. Auf beeindruckende Weise spiegelt sich im Amduat ein ähnlicher Entwicklungsweg, der sich auch im Prozess einer analytischen Behandlung im Geiste C.G. Jungs vollzieht.

2.1.1 Die Realität von Tod und Leben als zusammengehörige Ganzheit

Der Ausgangspunkt ist eine Wahrnehmung der Realität des Lebens, die den Tod als Konsequenz in sich schließt. Die Ägypter vertrauten auf den ewigen Kreislauf von Leben und Tod im Sinne einer zusammengehörenden Ganzheit. So wird nachvollziehbar, dass der Tod als scheinbar dramatisches und grausames Ende des Lebens kein Erschrecken bedeutete, sondern ganz selbstverständlich die Tür zu einer neuen Form des Seins öffnete.

Ein eindrucksvolles Beispiel für dieses Wissen, das Leben und Tod zusammengehören, stellte sich mir im Kontakt mit einem dreijährigen kleinen Jungen dar. Er hatte den Tod seiner 95-jährigen Urgroßmutter sehr bewusst miterlebt und verarbeitete ihn auf folgende Weise:

> *Mit lauter Stimme verkündete er: »Du bist jetzt gestorben!« Dabei musste ich mich auf den Boden setzen, die Augen schließen, den Kopf auf die angewinkelten Beine legen und diese mit den Armen umschließen. Dann ergriff er einen großen Blumentopf mit einer üppig blühenden rosa Azalee und rief: »Jetzt bist du wieder aufgewacht«! Dieses Spiel wiederholte er während der ganzen Stunde. Ich durfte dabei kein Wort sagen und musste mich genau an seine Handlungsanweisungen halten. Dabei kam ich mir vor wie im Mythos von Orpheus und Eurydike. Ein Tun entgegen seinen Anweisungen hätte das Geheimnis der Wiedergeburt als Neubeginn zerstört. Er beendete die Stunde mit den Worten: »Und jetzt bist du wieder ganz lebendig, aber du lebst im Himmel und schaust auf mich 'runter und dann bist du froh.«*
>
> *In der Übertragung war ich seine Urgroßmutter. An mir machte er seine Überzeugung fest, dass Tod und Leben eine Einheit bilden und letztlich das Leben, wenn auch in einer verwandelten Form, Ende und Neubeginn ist.*

In diesem Beispiel zeigt sich ein Wissen, das dem des mythischen Denkens der Ägypter entspricht und die Weisheit des Seins umschließt.

In Bewusstsein der alte Ägypter war der Glaube an die Fortdauer des Lebens eng mit Bild der Sonne verbunden. Das Motiv der Sonne symbolisiert das Tagesbewusstsein. Mit ihr wird gleichzeitig auf den ständigen Wandel des Lebens hingewiesen: Am Morgen (des Lebens) steigt Chepre im Symbol des Skarabäus am Himmel auf. Er ist die Morgenröte des Bewusstseins, Ausdruck des jungen Lebens. Am Mittag steht Re am Himmel, Symbol für das aktive, vitale handelnde Tun in der Mitte des Lebens. Am Abend neigt sich die Sonne in Gestalt des Atum gegen den Horizont. Es ist die Stufe der ruhigen Erkenntnis, der Weisheit aufgrund einer langen Tages- und Lebenserfahrung. Sodann beschreibt die Sonne den unteren Halbkreis. Es geht um die von den Ägyptern so bezeichnete »Nachtmeerfahrt«.

2.1.2 Die Notwendigkeit, ins Dunkel zu gehen, die Wahrnehmung des Schattens

Hier ist das Schattenreich des Osiris, der als Fruchtbarkeitsgott vor der Ermordung durch seinen neidischen Bruder Seth Wachstum und Leben garantierte. Im Totenreich liegen aber auch die Bedrohungen durch die gewaltige Schlange Apophis, die die Sonne zu verschlingen droht. Eine Entsprechung findet sich im Wechsel von Tag und Nacht, von Wach- und Schlafbewusstsein. Nachts kann Schreckliches passieren, das dem kontrollierenden Bewusstsein nicht zugänglich ist.

Im Amduat wird sehr eindrücklich diese Konfrontation mit dem bedrohlichen Dunkel in Schrift und Bild dargestellt. In der analytischen Behandlung sprechen wir von der Auseinandersetzung mit dem Schatten. Dieser uns weitgehend unbewusste Persönlichkeitsanteil enthält alle ungeliebten, gesellschaftlich nicht akzeptierten Eigenschaften wie Aggression in seiner destruktiven Form, Neid, Eifersucht und Rivalität (vgl. den Band *Psychodynamische Therapien von Kindern, Jugendlichen und jungen Erwachsenen* in dieser Reihe). Diesen Schatten in die Lebensführung zu integrieren, zwingt zur Neueinstellung zu sich selbst. Dann kann sich auch der positive Aspekt von dynamischer Kraft und Aktivität, von Vitalität und Kreativität entfalten. Personahaftes Denken, wie »man« zu sein hat, wird abgelöst von einem Selbstbewusstsein, das um den eigenen Wert, um die eigenen Licht- aber auch Schattenseiten weiß. So fordert man weder von sich noch von anderen Menschen ausschließlich »Lichtträger« zu sein, Voraussetzung für Akzeptanz und Toleranz.

Es ist auch die Rolle, die überwiegend kleinen Mädchen zugewiesen wird, nämlich, süß, angepasst und freundlich zu sein.

Ein kleines Mädchen wurde mir seitens der Eltern wegen Schlafstörungen vorgestellt. Gleichzeitig betonten sie eifrig: »Im Übrigen haben wir überhaupt keine Probleme mit ihr. Sie war immer pflegeleicht. Auch das Trotzalter hat sie uns erspart.«

Die kleine fünfjährige Prinzessin sagte mir im Erstkontakt mit einem bezaubernden Lächeln:

»*Ich weiß schon, warum ich bei Dir spielen soll, weil ich nämlich nicht einschlafen kann*«. *In der Tat war die Fünfjährige oft bis Mitternacht wach. Ohne eine Antwort abzuwarten fuhr sie eifrig fort:* »*Ich denke immer, dass eine ganz große, dicke Schlange unter meinem Bett liegt und mich auffressen will!*« *Als ich das Schreckliche dieser Gefahr bestätigte, ergänzte sie:* »*und dann leuchten Mama und Papa immer mit einer Taschenlampe unter das Bett und sagen, da ist doch gar nichts. Aber die Schlange ist so schlau, die kann sich nämlich unsichtbar machen, wenn Licht kommt und dann ist sie plötzlich wieder da!*« *Und unvermittelt fügte sie sehr ernst hinzu:* »*Ich glaube, du kannst Schlangen beschwören.*«

Die Schlange zu beschwören verstand ich als ihre intuitive Erkenntnis, sich über das Medium Spiel im unbewussten Raum niederzulassen, sich dem Chaos und der Gefahr verdrängter Inhalte auszuliefern.

Nach einigen Behandlungsstunden verkündete sie: »*Ich muss hier ganz viel kämpfen*« *und schwang dabei das Holzschwert gegen mich.* »*Du wärest jetzt ein Drache und ich muss dich töten.*« *Drachen und Schlangen gehören als tierische Repräsentanten zum negativen Aspekt der Großen Mutter* (vgl. den Band *Psychodynamische Therapien von Kindern, Jugendlichen und jungen Erwachsenen* in dieser Reihe). *Die kleine Patientin begann, sich mit dem Dunkel ihrer unbewussten heftigen Emotionen in einer* »*Als-ob-Situation*« *in der Projektion auf die Therapeutin auseinanderzusetzen. Es ist eine vom Prozess her verstandene positive Übertragung. Das Mädchen hat in der Therapiesituation so viel Vertrauen gefasst, dass es die verdrängten Aggressionen wagt auszuagieren.*

2.1.3 Auseinandersetzung mit den chthonischen Kräften der Tiefe

Im Amduat geht es auf der nächsten Stufe darum, sich dem Dunklen anzuvertrauen. Osiris in seiner Dominanz als Totengott zu erleben, bedeutet, sich mit den Mächten der chthonischen Tiefe auseinanderzusetzen. Dieser Schritt heißt aber auch, sich in seiner Vereinzelung zu begreifen, Einsamkeit zu erleiden, sich im wahrsten Sinn gottverlassen zu fühlen. Im Dunkel der Nacht nicht schlafen zu können, sich irrealen Ängsten ausgeliefert zu wissen, die Gefährdung des Lebens zu erahnen, sich mit Schmerzen herumzuschlagen, all das meint das Amduat in dieser dritten Phase auf dem Weg zur Selbsterkenntnis. Jugendliche in der Pubertät kennen dieses Gefühl der Vereinzelung. Die Eltern sind nicht mehr die Halt gebenden Götter. Sie schützen nicht mehr, sondern sind in gleicher Weise bedroht. Alte Sicherheiten schwinden, das Paradies der Kindheit liegt hinter einem. Entwicklung fordert den Schritt ins Neuland. Sich dieser Unausweichlichkeit zu stellen, löst nicht selten eine Krise aus, die zu einer tiefen Regression, nicht selten durch Drogen unterstützt führt. Die Angst vor dem Fremden, Unbekannten auszuhalten, das Wagnis der Neuwerdung auf sich zu nehmen und Zuversicht zu entwickeln, fällt in dieser Zeit schwer. In der Therapie von Jugendlichen im Werdeprozess der Pubertät begegne ich darum Gedanken über Suizid sehr häufig.

So begrüßte mich eine Jugendliche nach meiner Rückkehr von einem Kongress über suizidale Krisen mit den Worten: »so, so, Sie haben sich mit einem Vortrag über Selbstmord profiliert und ich hätte mich beinahe umgebracht. Sie waren ja mit sich und ihrer Großartigkeit beschäftigt, an mich haben sie mit Sicherheit nicht gedacht!« Die gemischte Gruppe bestätigte diese Äußerung mit beifälligem Gemurmel. Schließlich sagte einer: »Na ja, über Selbstmord denken wir wohl alle nach in dieser Welt voll selbstgefälliger Erwachsener (er gebrauchte ein populäres Schimpfwort).« »Aber«, setzte er fort: »Sie wären ja dann ruiniert, wenn wir es täten. Wer geht schon zu einer Therapeutin, bei der sich Jugendliche reihenweise umbringen.«

Ich war sehr erleichtert, dass sich die autodestruktive Gefährdung in offene Aggression mir gegenüber verkehrte. So war es möglich, das Thema Angst vor Abhängigkeit und gleichzeitig vor dem Alleinsein zu bearbeiten. Ein Mädchen schloss diese Klärung ab mit den Worten: »Sie sind aber genauso abhängig von uns. Was wäre, wenn wir nicht kämen und niemand was von ihnen will? Dann wäre es vielleicht an der Zeit, dass sie sich auch einmal mit ihren Ängsten befassen, statt sie immer bei uns zu suchen. Typisch Erwachsene! ...«

2.1.4 Krisis und Zweifel, die Gefahr der Vernichtung

Konsequenterweise führt die nächste Entwicklungsstufe im Amduat in Krisis und Zweifel. Im mythischen Bild wird von der Gefahr der Zerstückelung gesprochen. Das Dunkel droht die Sonne zu verschlucken. Psychologisch wird damit eine Infragestellung des Ichs angedeutet. Die Schwierigkeit, mit den ins Bewusstsein drängenden neuen Erkenntnissen ein neues und tragfähiges Ich-Bewusstsein herzustellen, gleicht häufig einer Sisyphus-Anstrengung. Sisyphus wurde in der Unterwelt aufgrund verschiedener Freveltaten gegen die Gottheiten bestraft, indem er einen Felsbrocken immer wieder einen Berg hinaufschieben musste, um ihn im Augenblick des Erfolges wieder talwärts rollen zu sehen. Die Unendlichkeit der sich wiederholenden Anstrengung und die Sorge einer vergeblichen Mühe bewegt viele Jugendliche gerade in einer therapeutischen Behandlung.

»Wozu das Ganze«, so die Frage eines 18-jährigen Jugendlichen. »Jetzt habe ich mich bemüht, weiß viel über mich, aber das Resultat ist, dass ich mich mit Gleichaltrigen langweile und doch mit ihnen zusammen sein möchte. Ich kann sie nicht verstehen in ihren kleinlichen Denkmustern und sie sagen, ich sei arrogant und eingebildet. Dabei fühle ich mich in mir selber fremd. Manchmal kommt es mir vor, als habe ich mindestens zwei Identitäten. – Übrigens, kennen sie das Buch »wer bin ich und wenn ja wie viele«. Gelesen habe ich das Buch nicht, mir reicht der Titel. Der passt auf mich, manchmal jedenfalls ...«

Mir wurde angesichts dieses Ausspruchs nochmals unsere Verantwortung bewusst hinsichtlich unserer analytischen Arbeit. Zu viele deutende Interventionen bei Jugendlichen können auch die Gefahr in sich schließen, dass sich Jugendliche von der Realität und ihrer Bewältigung entfernen, beziehungsweise sich selbst, wie der Jugendliche es ausdrückt, fremd werden (Henschel 1994).

> *Mir half eine schöne Abbildung aus dem ägyptischen Bilderschatz, das die Bewältigung der Schwierigkeiten des Alltages zu einer zentralen Aufgabe macht, zu einem vertieften Verständnis: Sich allein in der Welt zu fühlen, heißt nicht zwangsläufig, sich selbst zu verlieren. Sich in den verschiedenen Aspekten, die in Ägypten als unterschiedliche Figuren dargestellt wurden, zu sehen, sollte ausschließlich verdeutlichen, dass nicht nur zwei, sondern eine Vielzahl von Seelen in jedem Menschen wohnen. Sich selbst in diesen unterschiedlichen Seiten zu sehen, heißt auch, einen Zugang zu anderen zu finden. Mit einigem Zögern zeigte ich dem jungen Mann dieses Bild mit wenigen erklärenden Worten. Er atmete hörbar auf. »Das gibt mir Zuversicht« sagte er knapp.*

2.1.5 Erstarrung, Angst, Rückzug und kritisches Bewusstsein

Der nächste Schritt im Amduat wird mit »der Verpuppung des Skarabäus« beschrieben. Da der Skarabäus (Chepre) stellvertretend für den Sonnenaufgang steht, lässt diese symbolträchtige Formulierung vermuten, dass noch im Dunkel verharrt werden muss. Offensichtlich ist der Durchbruch ins Licht, in eine neue Bewusstheit noch nicht möglich, sondern es scheint um eine Interimszeit zu gehen, die Ähnlichkeit mit den Initiationsriten der Naturvölker hat. Reife muss abgewartet werden. Ich-Entwicklung braucht ihre Zeit und kann nicht erzwungen werden. In dieser Zeit der Entwicklung zu neuen Lebensperspektiven ist die Distanz von Außenkontakten notwendig. Eine vermehrte Konzentration auf den therapeutischen Prozess ist nötig, um sich selbst zu finden. Diese archetypische Wahrheit schlägt sich auch im therapeutischen Setting nieder. Der Therapeut wird als Person wahrgenommen, und zwar neben allen Übertragungsphänomenen auch als Realperson. Es werden im geschützten Raum autonome Schritte gewagt und kritische Abgrenzung erprobt.

So schaute mich ein 14-Jähriger während einer Gruppensitzung kritisch an und meinte »heute geht es ihnen aber schlecht«. Dann, zur Gruppe gewandt, »schonen wir sie heute oder nicht – ich glaube wir schonen sie heute«.

In der gleichen Gruppe kommentierte ein gleichaltriges Mädchen das Malen einzelner Gruppenmitglieder mit den Worten:

»Ich denke gar nicht daran zu malen, warum macht ihr das denn? Ich will nicht so ein psychologischer Aspekt sein, wenn die Lutz mit unseren Bildern wieder einen Vortrag hält?!«

2.1.6 Nut umschließt das Zusammengehörige, die Erfahrung der eigenen Ganzheit

Nut wurde als Himmelsgöttin verehrt. In den wunderbaren farbigen Darstellungen in den Gräbern der Pharaonen umschließt sie mit ihrem blauen Leib die Erde. Im Amduat bedeutet ihr Auftauchen, dass Zusammengehörendes verbunden werden will. Es geht jedoch nicht nur um eine äußere Verbindung von Himmel und Erde sondern dahinterstehend um die Gewissheit, dass äußere und innere Gegensätze verknüpft werden sollen. Aus analytischer Sicht bedeutet dies, dass rationales und emotionales Erleben zu einer Einheit strebend verbunden werden wollen. Unbewusste Inhalte, die noch im Dunkel verborgen sind, müssen dem Bewusstsein angegliedert werden, damit so ein inneres Gleichgewicht wiederhergestellt werden kann. Es geht um Gleichwertigkeit im Rahmen der Gegensätze, klein und groß, jung und alt, männlich und weiblich, unbewusst und bewusst bilden in ihrer Polarität eine Einheit. Gelingt diese ausgleichende Verbindung, kann man der Gefahr der Zerstückelung oder, analytisch ausgedrückt, dem gefährlichen Abwehrmechanismus der Spaltung erfolgreich begegnen.

So sagte ein Zwölfjähriger nachdenklich zu mir: »Eigentlich bist du auch noch ein bisschen ein Kind – aber das ist auch wieder gut, denn so kann ich dir Dinge sagen, über die ich mit keinem Erwachsenen sprechen könnte.«

2.1.7 Seth, die Konfrontation mit dem Bösen als äußere und innere Wirklichkeit

Aber noch ist der Prozess der Entwicklung nicht abgeschlossen. Das Amduat vermittelt uns, dass gerade im Bemühen um eine gute eigene Identität das Böse außerhalb und in uns zu einer Realität wird. Jede Einseitigkeit, und das betrifft auch das Bemühen um die eigene Entwicklung und Selbstverwirklichung, provoziert erst recht den Gegenpol. Das hat Goethe in seinem Faust eindrücklich dargestellt: Im Ringen um die Wahrheit von Johannes' Worten »im Anfang war das Wort«, das er schließlich ummünzt in »im Anfang war die Tat«, taucht Mephisto auf. Dieser nennt sich »ein Teil von jener Kraft, die stets das Böse will und stets das Gute schafft« (Goethe 2000). In der Identifikation mit dem einen Extrem wird der Gegensatz zwangsläufig auf den Plan gerufen. So könnte man diesen Satz auch umkehren und erleben, dass gerade im nur gut Sein das Böse lauert.

Im Mythos taucht in diesem Augenblick Seth, der Gott der Dürre, der Wüste auf, der voll Neid den nur guten Bruder Osiris, den Gott der Fruchtbarkeit, zerstückelt. Indem er das Böse tut, verteilt er jedoch mit der Zerstückelung die Fruchtbarkeit auch auf die Gebiete der Dürre und hebt damit eine Einseitigkeit auf.

Eine quirlige Zweitklässlerin äußerte:
»Meine Freundin, die ist manchmal eine ganz blöde, die hat gesagt, sie möchte auch zu meiner Spielfrau. Aber das darf sie nie!« Wir konnten erarbeiten, dass sie selbst mit ihren Erzählungen viel dazu beigetragen hatte, beneidet zu werden und in ihrem ablehnenden Triumph auch eine erhebliche Aggression steckte. Wir einigten uns schließlich darauf, dass ich, wenn es notwendig wäre, helfen würde, jemand anderen zu finden. Darauf die Achtjährige nachdenklich: »Und wenn die jünger und schöner ist und mehr zum Spielen hat?« Worauf ich antwortete: »und dann könntest du neidisch werden.«

Darauf das Mädchen nach einigem Nachdenken: »dann kann sie ja wieder meine beste Freundin sein!«

2.1.8 Die Vereinigung von Tod und Leben ist Ganzheit

Das Amduat vermittelt, dass der Weg der Nachtmeerfahrt mit der Konfrontation des Bösen in der Welt und in der eigenen Person noch nicht abgeschlossen ist. In symbolischer Form findet jetzt die Aufgabe einer Integration von Leib und Seele statt. Entscheidend in diesem Prozess ist, dass nicht das leibliche Leben sondern die Seele Priorität hat. Darüber hinaus soll die Erkenntnis wachsen, dass die Seele nur dann weiter leben kann, wenn der Leib stirbt. Dieser enge Zusammenhang von Leib und Seele, der erst mit dem Beginn der Psychoanalyse zunehmend in den Mittelpunkt des Interesses rückte, macht psychosomatische Erkrankungen in ihrer Ursächlichkeit nachvollziehbar, eine Perspektive, die den alten Ägyptern bereits selbstverständlich war. Für unser analytisches Verständnis ist es wichtig, einem Patienten die Sinnhaftigkeit seines Symptoms zu vermitteln. Psychotherapie bei Kindern und Jugendlichen heißt nicht, ein lästiges Symptom wegzuzaubern, abzutrainieren, sondern die Sprache des Symptoms als Hinweis auf seelisches Leiden zu verstehen. Wenn die Seele aufhört zu leiden, kann der Körper gesunden.

Ein Jugendlicher: »Nun weiß ich, warum ich gestottert habe. Ich konnte mir nicht erlauben, dass mein Wünschen und mein Müssen zusammengehören. Ich wollte nur perfekt sein und habe mir das stundenlange Daddeln und noch andere Dinge (dabei lächelte er mich wissend an) furchtbar übel genommen. Aber sie würden wohl sagen »Pflicht und Neigung oder hell und dunkel gehören zusammen.«

Das Symptom der Sprachstörung war ohne jede logopädische Übung verschwunden.

2.1.9 Das Totengericht – Die Bedeutung der Emotionalität und die Konfrontation mit dem Angemessenen in Gestalt der Maat

Das Totengericht spielt in der ägyptischen Mythologie eine zentrale Rolle. Das Leben war ausgerichtet, die Vorstellung beim Totengericht zu bestehen und mit dem Totengott Osiris vereinigt in ein neues Leben zu gehen. Im Mittelpunkt des Gerichtes stand die Herzenswägung. Das Herz wurde dem Gewicht einer Feder gegenüber gestellt. Die Feder war Symbol für die Maat, Repräsentantin des Rechten und Gerechten. Wurde die Lebensführung von Wärme, liebevoller Emotionalität und der Bereitschaft, die Götter zu ehren, bestimmt, wog das Herz leicht und der Tote durfte sich mit dem Totengott Osiris verbinden. Damit war die Voraussetzung für ein Weiterleben nach dem Tod geschaffen. Es wurde dabei unterschieden zwischen realer Schuld und schicksalhaftem schuldig Werden. Wog das Herz als Symbol eines lieblosen Lebens, das die Grundgesetze der Maat missachtete, schwerer als die Feder, verfiel der Mensch dem endgültigen Tod, indem seine Seele von einem Untier, das unter dem Tisch des Gerichtes lauerte, verschlungen wurde.

Der ägyptische Mythos sagt uns, dass die Herzenskräfte zählen, damit lebendiges Leben sein kann. Liebe heißt jedoch nicht, sich und die mütterliche und väterliche Fürsorge in den Mittelpunkt zu stellen, sondern einfühlsam das Angemessene zu tun, um den Heranwachsenden nicht in seiner autonomen Entwicklung zu beschränken.

Eine Mutter erzählte mir von ihrem 22-jährigen Sohn, der in den Semesterferien nach Hause kam und abends noch ausging. Es war bitterkalt und die Mutter stand an der Haustür, um ihn »weg zu winken«, wie sie es immer getan hatte, als er noch zuhause lebte. Kurz bevor er um die Ecke bog, rief sie unwillkürlich: »Kind, hast du auch deine Mütze dabei!« Er wandte sich um und sagte nur »Mutter«! »Danach«, so sagte mir die Frau, »habe ich mich sehr geschämt und war gleichzeitig unendlich traurig, dass die Kindheit meines Sohnes endgültig vorbei war.«

2.1.10 Die Heilung des Auges, ein neues Sehen und Erkennen

Dieser nächste Entwicklungsschritt ist im Amduat mit der »Heilung des Auges« überschrieben. Das Udjat-Auge spielt im ägyptischen Mythos eine wichtige Rolle. Es wurde Horus, dem Sohn von Isis und Osiris, vom neidischen Bruder Seth geraubt. Das Auge, Organ der äußeren Wahrnehmung, spielt in allen Mythen eine wichtige Rolle. Sein Verlust symbolisiert die Fähigkeit zur inneren Wahrnehmung. Die Mythen weisen darauf hin, dass sich offensichtlich erst mit dem Opfer eines oder beider Augen der Weg zur inneren Erkenntnis öffnet. Der Blick, der durch äußere Reize fixiert wird, lenkt häufig ab von der Innenschau. So wie das göttliche Kind Horus ein Auge verlor, opferte Ödipus beide Augen, um sich dadurch für sein Innerstes zu öffnen. Odin, der höchste Gott im germanischen Mythos, opferte ein Auge, um die Geheimnisse des Lebens wie des Sterbens zu begreifen.

Im ägyptischen Mythos findet auf dieser Station der Nachtmeerfahrt jedoch noch ein weitergehender Schritt statt: Die Gegenspieler Horus und Seth versöhnen sich, das Auge wird zurückgegeben, weil Horus, den doppeldeutigen Seth in seine Persönlichkeit integriert. Diese Vereinigung wird in der Zusammenführung von Himmel (Horus, der Falke) und Unterwelt (Sokar, undifferenziertes fressendes Ungeheuer) symbolisiert.

Es könnte damit analytisch um den Zugewinn einer neuen Perspektive gehen. Es verlangt Mut, Konfliktbewusstsein zu entwickeln und das Ziel der Vereinigung der Gegensätze ins Auge zu fassen.

> »Wir streiten uns nie« sagte mir ein Vater in einem Elterngespräch. »Ich verstehe gar nicht, warum unser Sohn so aggressiv ist und keine Gelegenheit auslässt, um auf seine Schwester los zu gehen.« Ich fragte vorsichtig an, ob es sein könnte, dass der Sohn mit seinem Verhalten eine belebende Dramatik in das Familiengeschehen brächte, woraufhin der Vater meinte, da könne ich Recht haben, »denn manchmal,« er zögerte und ich ergänzte, »manchmal ist es vielleicht ein bisschen langweilig.« Die Therapie des Sohnes war vor allem auch die Arbeit mit den Eltern und ihrer Konfliktscheu.

Dahinter stand die Angst, die Partnerbeziehung könnte Meinungsverschiedenheit und unterschiedliche Standpunkte nicht verkraften. Verständlich war diese Angst angesichts der Mitteilung, dass die Ehen in beiden Primärfamilien zerbrochen waren. Beide Eltern konnten sich allmählich von den belastenden Erfahrungen ihrer Kindheit, die kompensatorisch ihr Harmoniebedürfnis verursachten, verabschieden. Es wuchs die Einsicht, dass ohne die Integration der dunklen Seite, und das bedeutet auch Streit und Auseinandersetzung, die Beziehung an Lebenskraft verliert. Beide veränderten ihr starres Rollenbild. Die Mutter nahm sich Zeit, ihre geistigen Interessen wahrzunehmen und entschloss sich dazu, das Abitur nachzuholen und aus der Rolle einer nur fürsorglichen Frau und Mutter herauszutreten. Der Vater entschied sich für einen Kochkurs und übernahm zögernd, aber immer selbstverständlicher, einen Teil der Haushaltsarbeit. Die neuen Perspektiven erzwangen mehr Reibungsflächen »aber«, so sagte der Vater, »Reibung erzeugt schließlich auch Wärme. Uns geht es besser damit und, erstaunlicherweise, unser Sohn ist friedlicher!«

2.1.11 Thoeris, die schwangere Göttin, die Bewältigung des Vergangenen und die Hoffnung auf Neuanfang

Thoeris, die ägyptische schwangere Nilpferdgöttin, taucht jetzt folgerichtig auf. Sie versinnbildlicht Zuversicht, die Gewissheit eines Neubeginns. So, wie jede Geburt den Glauben an das Leben unterstützt, steht die Göttin im Amduat stellvertretend für die Unzerstörbarkeit des Lebens. Gerade in Todesbedrohung sind die Menschen auf eine hoffnungsvolle Perspektive angewiesen, um mit Angst, Schmerz und Leid umgehen zu können. Der Spruch, dass das Leben weiter geht, mag im Angesicht von Verlust zunächst kaum zu trösten. Trotzdem liegt hier das Geheimnis, dem die Ägypter vertrauten, wenn sie sagten »du stirbst, damit du lebst.« Thoeris ist im Profil abgebildet, sie schaut nach vorn, in die Zukunft und lässt die Schrecken der Vergangenheit hinter sich. Damit verdeutlicht sie den Glauben an eine

fruchtbare Zukunft, die sich im Fließen der Zeit Schritt für Schritt enthüllt. Analytisch ist es der Zeitpunkt eines bewussten Neuanfangs. Sie gründet im Wissen um die Bewältigung des Vergangenen, von Verletzungen, welcher Art auch immer, und den Beginn einer eigenständigen, von Autonomie getragenen Lebensgestaltung.
Für einen 18-Jährigen fühlte sich das so an:

»Ich schaue jetzt nach vorn und lass meine Eltern, wie sie sind. Ich brauche mich nicht mehr mit ihnen auseinandersetzen oder ihnen Vorwürfe machen. Sie haben wohl auch ihre Erfahrungen mit ihren Eltern gemacht und konnten nicht anders. Schaue ich weiter zurück, kommt es mir vor, als ob meine Kindheit Sodom und Gomorrha wäre (die Eltern waren beide Theologen) und ich erstarre, wie Lots Weib, zur Salzsäule. Das will ich nicht und darum gehe ich jetzt, nach dem Abi, erstmal auf Weltreise. Und dann werde ich eine Ausbildung machen oder studieren, etwas, was ich möchte, aber jetzt noch nicht genau weiß. Aber sicher nicht mehr zuhause wohnen, auch wenn sich das meine Eltern so vorstellen, aber dann käme ich aus den Kinderschuhen nie heraus!«

2.1.12 Osiris, der Gott der Toten, erlaubt Auferstehung und Neuwerdung

Mit der zwölften Stufe ist die Nachtmeerfahrt, die Konfrontation mit der dunklen Innenwelt, abgeschlossen. Die im Dunkel nicht mehr sichtbare Sonne dringt nun durch den Leib der Schlange und steigt wieder als Chepre auf. Das Licht überwindet die Finsternis. Aus dem Sterben entwickelt sich neues Leben. Es ist die Geburt eines neuen Ich. Gemäß der Überzeugung der Ägypter ist dieser im Außen wahrnehmbare Prozess des aufsteigenden wie absteigenden Lichtes und das Durchleben der Nacht ein Abbild für den immer neuen Beginn des Lebens, der das Sterben zwangsläufig braucht. Dass sich dieser Kreislauf ein Leben lang vollziehen muss, damit sich der Mensch zur Reife, zur Erkenntnis seiner selbst entwickeln kann, das symbolisiert zusätzlich auch die Zahl zwölf. Sie symbolisiert Ganzheit und Vollkommenheit

(Endres & Schimmel 1984). Der über den Kreislauf der Sonne nachvollziehbare Werdeprozess, der das Zentrum der ägyptischen Weisheitslehre darstellt, ist abgeschlossen. Im Bild der Sonne, die durch den Leib der Schlange geht, besteht mit der Auferstehung des Lichtes täglich die Chance eines Neubeginns. Auch die alten Ägypter wussten jedoch, dass immer wieder eine Nacht der Dunkelheit, des Kampfes, des Durchleidens von Angst und Schmerz wartet. Dieses Wissen enthält die Voraussetzung, um eine höhere Stufe der Erkenntnis zu gewinnen.

Etwas prosaischer vermittelte mir ein 13-Jähriger diesen seinen persönlichen Entwicklungsschritt:

Er verabschiedete sich aus der Gruppentherapie mit folgenden Worten: »Allmählich weiß ich doch, wie die Lutz schwätzt. Da dachte ich mir, das kann ich mir doch selbst sagen und darum höre ich jetzt auf. Vielleicht fange ich in einem Fußballverein an. Es kann ja sein, irgendwann komme ich mal wieder ...«.

Zusammenfassung

Die von den ägyptischen Mythen charakterisierte Betrachtung der Welt ist eine ganzheitliche. Das Erleben ist noch ein mythisches, das bedeutet, dass noch keine spannungsreichen Polaritäten wahrgenommen werden. Es umfasst die Zusammengehörigkeit von Licht und Schatten, Tag und Nacht, Bewusstsein und Unbewusstsein, Gott und Mensch, Tier und Gott.

Die ägyptische Mythologie lebte von dem Leitsatz »Du stirbst, damit du lebst«. Das nachtodliche Dasein wurde als Fortsetzung des irdischen Lebens auf einer anderen Ebene gedacht. Das Totengericht markierte einen wesentlichen Schnittpunkt, in dem das Herz des Toten, nämlich seine Emotionalität und Herzenswärme gewogen wurde. Auf der anderen Seite der Waage war die Maat, das Symbol der Gerechtigkeit, in einer Feder dargestellt. Wog das Herz zu schwer, wurde der Tote dem endgültigen Untergang überantwortet.

Leben und Tod wurden in einem Kreislauf empfunden, der sich im Bild der Sonne offenbarte. Diese Tatsache ist im Amduat – einer bebilderten Schrift –festgehalten. Das Amduat geht aus vom Tagesbewusstsein, beginnend mit der aufsteigenden Sonne, die durch den Skarabäus (Chepre) symbolisiert wird. Im Mittag des Tagesbewusstseins steht Re, während die Abendsonne mit Atum bezeichnet wurde. Dann beginnt die so genannte Nachtmeerfahrt, die den dunklen Teil des Lebens beschreibt. Es geht aber eigentlich um die Wahrnehmung und schrittweise Integration des Unbewussten als einem Dunkel, das so lange bedrohlich ist, als es nicht in seinen verschiedensten Aspekten ins Bewusstsein gehoben wird. Die zwölf Stufen der Konfrontation mit dem Unbewussten sind vergleichbar dem Prozess einer psychotherapeutischen Behandlung. Mit dem Ende der Nachtmeerfahrt erwacht erneut der Skarabäus. Dieser Entwicklungsprozess wiederholt sich ständig und entspricht der notwendigen ständigen Weiterentwicklung während des ganzen Lebens. Und aus Sicht der Ägypter setzt sich dieser Prozess auch nach dem leiblichen Tod fort, weil Seele und Körper unsterblich gedacht wurden.

Literatur zur vertiefenden Lektüre

Arnold, D. (1992). *Die Tempel Ägyptens*. Zürich: Artemis & Winkler.
Bonnet, C. & Valbelle, D. (2006). *Pharaonen aus dem schwarzen Afrika*. Mainz: Philipp von Zabern.
Egli, H. (2003). *Das Schlangensymbol*. Düsseldorf: Patmos.
Gahlin, L. (2005). *Ägypten. Götter – Mythen – Religionen*. Fränkisch Crumbach: Edition XXL.
Rieadritti, F. (2007). *Ägyptische Wandmalerei*. München: Hirmer.

Weiterführende Fragen

- Wie war im Alten Ägypten die Beziehung der Geschlechter zueinander?
- Wie ist die Rolle der Frau einzuordnen?

- Wie erklärt sich die hohe Bedeutung des nachtodlichen Lebens bei den Ägyptern?
- Welche Funktion hatte die Maat beim Totengericht?
- Wie ist das symbolische Geschehen der »Nachtmeerfahrt« zu verstehen?

2.2 Die griechischen Mythen

Die Mythen der Griechen spiegeln den zunehmenden Bewusstseinsprozess innerhalb der menschlichen Entwicklung. Die Erzählung als wahrhaftige Geschichte tritt hinter den Logos, das Gedachte, zurück. Die rationale Erkenntnis, bereits durch die Vorsokratiker um 500 vor Christus entschieden vertreten, löste das mythische Bewusstsein ab. Trotzdem blieb die Sehnsucht nach Erkenntnis der unbewussten Zusammenhänge des Lebens erhalten und spiegelt sich in den Einweihungsmysterien von Eleusis, Samotrake und Ephesus. Durch die Dominanz des Logos polarisiert sich das Erleben. Die Gegensätze bestimmen jetzt die Wahrnehmung. Die Götterwelt repräsentiert nicht mehr Einheitlichkeit sondern Spaltung, was in der Ilias im Zusammenhang mit dem trojanischen Krieg deutlich wird. Demgemäß wird auch der Mensch leidvoll in seiner eigenen Zwiespältigkeit empfunden. Diese Tatsache macht eine nahe Beziehung zur Denk- und Fühlwelt der griechischen Antike nachvollziehbar. Hier dürfte die Ursache dafür liegen, dass Kinder und Jugendliche heute vermehrt von den griechischen Mythen fasziniert sind. Über Filme, Bücher und Comics sowie in figürlichen Nachbildungen beweisen sie eine Aktualität, die die Vermutung nahe legt, dass die innerpsychischen Konflikte von Kindern und Jugendlichen in den geschilderten dramatischen Abenteuern einen Widerhall finden.

Die griechischen Mythen, die in ihrer Erzählweise dem zumeist unbewussten Erleben nahe kommen, repräsentieren so Empfindungen und Erfahrungen als einem gefühlten und für wahr genommenen Gehalt. Ihre konflikthaften Themen sind jedoch weniger auf eine wünschenswerte Ganzheit ausgerichtet, eine Perspektive, die in den ägyptischen Mythen zentrales Anliegen war. Stattdessen beschreiben sie vermehrt die Polarität des menschlichen Daseins und ein tragisches Verstricktsein innerhalb dieses Spannungsfeldes.

Die zentralen Themen menschlicher Individualität lassen sich auf wenige Grundmuster zurückführen. Ich möchte diese an einigen exemplarischen Mythen beschreiben und ihre Aktualität in der psychotherapeutischen Arbeit nachzeichnen.

2.2.1 Macht und Ohnmacht: Die Genealogie der ersten griechischen Götter Uranus, Kronos und Zeus

Es geht hierbei um die Befürchtung der Älteren, von der nachwachsenden Generation in den Schatten gestellt zu werden.

Uranus der erste der Götter befand sich in einem immerwährenden Zeugungsprozess mit seiner Frau Gaia (die Erde). Er wollte damit verhindern, dass die Kinder geboren würden und er in der Gefahr stand, entmachtet zu werden. In ihrer zunehmenden Qual gab Gaia ihrem schon geborenen Sohn Kronos ein sichelförmiges Messer, womit er seinen Vater entmannte. Auf diese Weise konnten die Kinder zur Welt kommen.

In der nächsten Generation war Kronos jedoch in der gleichen Furcht vor einem möglichen Machtverlust durch seine Kinder gefangen, weshalb er sie kurzerhand verschlang. Seine Frau versteckte ihr jüngstes Kind vor seinem Zugriff und gab ihm stattdessen einen in ein Tuch gewickelten Stein zum Verschlucken. Das gerettete Kind, der nachmalige Olympier Zeus wurde im Idagebirge auf Kreta versteckt und dort von einem Hirten aufgezogen. Zu einem späteren Zeitpunkt, als er bereits mit seiner Frau Methis, einer Titanin, verheiratet war, braute diese ihm einen Erbrechenstrunk, so dass seine Geschwister, die späteren Olympier, wieder ans Tageslicht kamen. Aber auch Zeus empfand die gleiche Befürchtung, nämlich die Überlegenheit seinen Kindern gegenüber zu verlieren. Als ihn das Orakel erreichte, dass das Kind, mit dem seine Frau schwanger war gleich stark, der nachgeborene Sohn jedoch stärker würde, verschlang er kurzerhand seine schwangere Frau. Auf diese Weise kam es zur Kopfgeburt mit seiner Tochter Athene.

Ein Neunjähriger mit einem sehr dominanten Vater hatte diese Geschichte im Schulunterricht gehört. Während ich ihm auf seine Bitte diese Geschichte wiederholt erzählen musste, spielte er mit meinen Götterfiguren eine neue Version dieses Themas. Jetzt überwältigten die Söhne die Väter. Diese mussten schwach und hilflos sein, während nicht nur Söhne, sondern auch Töchter triumphierten. Er hatte sich vorher genau erkundigt, wer zu den sogenannten Olympiern, die verschlungen worden waren, gehörte und war sehr zufrieden, dass es neben einem Apoll auch eine Artemis, neben einem Dionysos auch eine Hera gab.

Die Zeit- und Raumlosigkeit des Mythos wirkte entlastend. So war es dem Jungen möglich, über seine Ängste vor dem gelegentlich cholerischen Vater zu sprechen und sie mit Blick auf den Mythos zu relativieren. »Irgendwann bin ich stärker als er und dann muss er sich vor mir fürchten!«

In der Übertragung war es möglich, verständlich zu machen, dass Erwachsene, also auch ich, vor seiner potenziellen Kraft Angst hätten. Dabei erinnerte ich ihn an unsere Schwertkämpfe. Voll Erstaunen sagte er, »aber dann hast du ja genauso viel Angst vor mir, wie ich vor dir!« Und ich ergänzte, dass es wohl ähnlich sei, wie in diesen alten Geschichten. Die Kräfte der Kinder seien schon spürbar, auch wenn jene noch jünger seien. »Und das macht den Erwachsenen Angst!« schloss er das Gespräch befriedigt ab.

2.2.2 Bindung und Loyalität gegenüber der Mutter: Apoll, Artemis, Leto und Niobe

Mütter spielen naturgemäß eine wichtige Rolle im Erleben der Kinder. Sie sind in der Regel auch heute die zentrale Bezugsperson. Nicht selten halten sie eine abhängige Bindung zu Kindern über die Zeit hinaus aufrecht, um das eigene Gleichgewicht zu stabilisieren. Dadurch entsteht die Gefahr einer Delegation, die dazu führen kann, dass das Problem der Mutter übernommen und zum eigenen gemacht wird. Bindung wird so nicht selten mit Verpflichtung gleichgesetzt, wodurch Ängste vor Nähe ebenso wie vor Distanz entstehen können. Die Freiheit, individuelle Bindungen einzugehen, wird belastet. Parentifizierung, das bedeutet, die Mutter zu bemuttern, ist nicht selten die Folge.

Im Mythos von Leto, der Mutter der Zwillinge Artemis und Apoll, wird dieses Problem transparent: Niobe, eine Sterbliche brüstete sich gegenüber Leto damit, dass sie 12 Söhne und 12 Töchter geboren habe, während jene nur ein einziges Zwillingspaar habe. Voll Zorn ergriffen Apoll und Artemis Pfeil und Bogen und töteten sämtliche Kinder der Niobe.

Die Konsequenz dieser Identifikation mit den zu vermutenden Gefühlen der gekränkten und verletzten Mutter wird im Leben der Geschwister offensichtlich, wobei der Zwillingsstatus noch eine verstärkende Rolle gespielt haben dürfte: Weder Artemis noch Apoll konnten tragende Bindungen zu anderen Göttern oder Menschen eingehen.

2.2.3 Schuld und Sühne in der Mehrgenerationenperspektive am Beispiel des Ödipus

Der Mythos von Ödipus wurde von Freud erstmals benutzt, um eine klassische Situation in der kindlichen Entwicklung zu beschreiben. Er meinte, dass in einer bestimmten Entwicklungsphase, etwa zwischen dem fünften und siebten Lebensjahr, der Sohn die Mutter begehren und den Vater am liebsten töten, zumindest ihn verschwinden lassen wollte. Der sogenannte Ödipuskomplex oder die ödipale Entwicklungssituation sind inzwischen so populär, dass es sich lohnt, diesen Mythos besonders aufmerksam in seiner vielschichtigen Aussage zu betrachten.

Im ersten Teil, »König Ödipus« schildert Sophokles die vielschichtigen Verstrickungen in einem Familiendrama. Die Dynamik ist ganz offensichtlich von einer ich-schwachen Männlichkeit und einer dominanten Weiblichkeit geprägt. Jene ist spürbar diejenige, die versucht, die Handlung zu steuern. Die dramatische Vorgeschichte wird dabei in den psychoanalytischen Interpretationen häufig übersehen, so dass das Mutterthema zum zentralen Konfliktstoff wird und der Vater-Sohn-

Konflikt, der sich durch die Generationen zieht, leicht übersehen werden kann.

Der Vater des Ödipus, Laertes, wurde vom König von Pisa, Pelops, berufen, um seinen Sohn Chrysippos das Wagenlenken zu lehren. Die im Symbol verborgene, den Griechen sehr vertraute Botschaft hieß, Laertes solle dem Königssohn helfen, seine Triebimpulse angemessen zu steuern. Er sollte in der psychologischen Terminologie Affektkontrolle lernen, seine Triebbedürfnisse weder zu unterdrücken noch sie willkürlich auszuagieren. Der Auftrag an Laertes war also der einer Ich-Stärkung des ihm anvertrauten jungen Mannes. Er sollte ihm über ein positives Vorbild Orientierung und Halt vermitteln. Stattdessen verliebte sich Laertes in den jungen Mann, verführte ihn und ließ damit seinen eigenen Triebimpulsen freien Lauf. Er unterstützte damit nicht in angemessener Weise die Ich-Kräfte des jungen Mannes, sondern schwächte ihn in der Verwirklichung seines eigenen Begehrens. Darüber hinaus verweigerte er sich dem Jüngling als ein zur Identifikation herausforderndes Vorbild. Der junge Mann soll sich nach einer Version der Überlieferung aus Scham getötet haben.

Das Orakel von Delphi verhängte über Laertes das Urteil, er müsse auf einen eigenen Sohn verzichten, andernfalls würde er von diesem getötet werden. Erneut konnte Laertes seine Triebbedürfnisse nicht zügeln und zeugte mit seiner Frau Jokaste Ödipus. Aus Angst vor einer Erfüllung des Orakels wurde Ödipus mit zerstochenen Füßen ausgesetzt (Schwellfuß), eine unbewusste symbolische Handlung? Sollte damit Ödipus gehindert werden, eigenständig zu werden, um die Weissagung zu vollziehen?

Mitleidig brachte ein Hirte den Säugling, statt ihn dem sicheren Tod zu überantworten, an einen entfernten Königshof. Das Königspaar, selbst kinderlos, nahm den kleinen Ödipus gern als ihr Adoptivkind an. Allerdings klärten sie ihn nicht über seinen Findelkindstatus auf, so dass Ödipus annehmen musste, dass jene Adoptiveltern seine leiblichen Eltern waren. Als junger Mann hörte er vom delphischen Orakel, er würde seinen Vater töten und seine Mutter heiraten. Er erschrak und verließ sein von ihm als solches empfundenes Elternhaus, um dem Orakel zu entgehen. Er ahnte nicht, dass sich gerade mit diesem Schritt die Weissagung erfüllen würde.

2 Die Mythen der Welt

Auf dem Weg nach Korinth geriet er in einer Wegenge mit einem alten Mann, der Wagen fuhr, in Streit. Jener verlangte, Ödipus solle den Weg frei machen und schlug ihn mit einem Stock. Ödipus seinerseits antwortete ähnlich aggressiv und tötete den Alten. Damit erfüllte sich der erste Teil des Orakels, denn es war sein leiblicher Vater Laertes, den er unwissentlich erschlagen hatte.

Der Lohn für die erfolgreiche Lösung des Rätsels der Sphinx war die verwitwete Jokaste, deren Sohn er war, ohne es zu wissen.

Es ist demnach die höhere Dreiheit, die die polare Spannung auflöst und die Einheit mit dem Göttlichen wieder herstellt, der mit dem Sündenfall (= Sonderung) verloren gegangen ist (Dethlefsen 1990).

Dieses Thema steht im Zentrum der geheimnisvollen Konfrontation des Ödipus mit der Sphinx. Das Rätsel, das diese jedem Vorbeigehenden stellte, hieß bekanntlich: Was geht am Morgen auf vier, am Mittag auf zwei und am Abend auf drei Beinen? Ödipus antwortet logisch rational: das ist der Mensch. Am Morgen des Lebens krabbelt er als Kleinkind, auf vier Beinen, am Mittag des Lebens steht er auf zwei Beinen und am Abend des Lebens geht er mit Hilfe des Stockes. Im Sinne eines mythischen Verständnisses hätte jedoch seine Lösung etwas anders lauten müssen. Zunächst wäre die emotionale Betroffenheit notwendig gewesen, die heißt, es ist nicht nur der Mensch allgemein, sondern Ich, Ödipus, der Mensch, ich bin gemeint, es ist mein Schicksal. Am Morgen meines Lebens bin ich, indem ich äußerlich betrachtet krabbele, der Mutter Erde, also dem mütterlichen Prinzip zugewandt. Ich befinde mich also noch in einer Einheitswirklichkeit (Neumann 1963). Am Mittag des Lebens auf zwei Beinen zu stehen, heißt, sich der Polarität des Lebens zu stellen, zu leiden an der eigenen Zwiespältigkeit. Am Abend des Lebens ist im Verstehen der Symbolik der Zahl drei das Entwicklungsziel, die polare Spannung überwunden zu haben. Damit könnte das Rätsel der Sphinx gewesen sein, den Kreislauf des Lebens anzuerkennen. Dieser beschreibt den Weg, sich aus der natürlich-kreatürlichen Gebundenheit herauszulösen und sich einer am Geist orientierten Weisheit anzunähern. Dann könnte die Frage nach dem Sinn von Leben und Sterben neu gemäß der ägyptischen Erkenntnislehre gedeutet werden (Dethlefsen 1990).

Ähnlich formuliert es Goethe, wenn er sagt: »*Ohne geistiges Band würde die Persönlichkeit zerstört, die nur in der lebendigen Vereinigung solcher entgegengesetzter Eigenschaften gedacht werden kann.*« (Safranski 2015, S. 526)

Dieser Gedanke, wenn man ihn auf den äußeren Bezugsrahmen überträgt, bedeutet in der therapeutischen Begleitung von Familien die sogenannte Triangulierung. Durch die Betonung der väterlichen Präsenz kann der Gefahr begegnet werden, über die einseitige materialistische Orientierung in der Abhängigkeit (vom Mütterlichen) zu verharren.

Weil Ödipus blind war für die geistige Dimension seiner Entwicklung, musste er auf die Macht seines vordergründig guten Selbstbildes verzichten. So versucht seine Mutter-Ehefrau Jokaste ihn immer wieder an der Aufklärung der hintergründigen Schuld, die Theben in Gestalt der Seuche befallen hat, zu hindern. Sie ermuntert ihn, die Geschichte doch auf sich beruhen zu lassen, er sei doch der gute König, von allen geliebt und geschätzt. Ödipus muss äußerlich erblinden, um innerlich sehend zu werden. Dieser Weg der Selbsterkenntnis ist Inhalt des zweiten Dramas des Sophokles: »Ödipus auf Kolonos«. Und trotzdem hat Ödipus auch als alter Mensch die Aufgabe, aus seiner erdgebundenen Begrenztheit in den Raum einer von Weisheit getragenen Schau zu finden, nicht wirklich gelöst. Er verflucht seine beiden Söhne, die um seine Unterstützung bitten. Das tragische Schicksal des Männlichen vollzieht sich im Zweikampf, in deren Verlauf beide sich wechselseitig töten.

In der Entwicklungspsychologie spielt das Thema Mutterbindung in der sogenannten ödipalen Phase zwischen dem vierten und siebten Lebensjahr in Analogie zur Beziehung Ödipus – Jokaste eine wichtige Rolle:

So berichtete mir eine Mutter von ihrem vierjährigen Sohn mit dem sie die sexuelle Aufklärung durchgeführt hatte, von seinem triumphierenden Ausruf: »*Und dann steckt der Papa seinen Pipimann bei der Mama in die Scheide und dann kommt ein großes Baby raus und dann stecke ich meinen Pipimann rein und dann kommt ein kleines Baby raus.*«

2 Die Mythen der Welt

Ein weitergehender Aspekt erschließt sich aus den Erkenntnissen der Familientherapie. Unverarbeitete Erfahrungen in der Generation der Väter und Großväter sowie Schuld und fehlende Sühne lasten auf den nachfolgenden Generationen und prägen deren emotionales Erleben. Vor diesem Hintergrund wurde auch Ödipus als Träger der väterlichen Vergangenheit schuldlos schuldig.

Ein zehnjähriger Junge kam in die Therapie, weil er ständig in kleinere und größere Unfälle verwickelt war. Er hatte bereits zwei Armbrüche hinter sich, die er sich beim Snowboarden zugezogen hatte, einen Beinbruch beim Fußballspielen, bei einem Sturz vom Fahrrad zog er sich einen Schlüsselbeinbruch zu und war wiederholt auf den Hinterkopf gefallen, sodass er genäht werden musste. Beim Hantieren mit dem Taschenmesser schnitt er sich tief in den Finger, so dass er wiederum genäht werden musste. Am meisten beunruhigte die Eltern dabei, dass er die Verletzungen ohne große Emotion »wegsteckte« und von seiner »Unfallsammlung« sprach.

In der Arbeit mit den Eltern konnte zunächst kein Grund für diese erhöhte Unfallneigung gefunden werden. Sie waren bezogen, offen und konnten Aggressionen bei ihren beiden Söhnen gut zulassen. Die Theorie einer Wendung einer unterdrückten Aggression gegen die eigene Person ließ sich nicht aufrechterhalten. In weiteren Gesprächen stellte sich heraus, dass der Urgroßvater des Patienten als hochrangiger SS-Offizier an der Vernichtung vieler Juden beteiligt war und durch Suizid endete. Diese Geschichte war unverarbeitet von Generation zu Generation weitergegeben worden. Seine Mutter hat ihre Eltern nie nach der Vergangenheit befragt, ihre Mutter hat von selbst nie über die Vorgänge des dritten Reiches gesprochen. Die Rolle ihres Vaters wurde nie erwähnt, sein Suizid totgeschwiegen. Sie, die Mutter des Patienten, ist nie auf die Idee gekommen, nach den Spuren der Vergangenheit zu suchen. Sie konnte jetzt einen Zusammenhang mit der Autoaggression ihres Sohnes herstellen, als ob er die Strafe für das Tun des Urgroßvaters an sich selbst vollziehen musste.

In der Therapie war der Junge besonders von meinen kleinen römischen Streitwägen, Material des therapeutischen Sandspiels, faszi-

niert, die von sich aufbäumenden Pferden gezogen wurden. Ich fragte vorsichtig, ob er schon gehört hätte, dass im Verständnis der alten Griechen das Wagenlenken und Zähmen der wilden Pferde gleichgesetzt wurde mit der Notwendigkeit, den Umgang mit den eigenen Aggressionen, Bedürfnissen und Wünschen zu lernen. Der Junge war entgegen seiner sonst eher abwehrenden Haltung beeindruckt und setzte das Agieren mit diesen Objekten über Stunden fort.

Die Arbeit der Mutter an ihrer Vergangenheit betrachte ich im Nachhinein als wesentliches heilendes Moment, das den Jungen von seinem Opferstatus erlöste. Um die Notwendigkeit der Aufarbeitung innerhalb der Mehrgenerationenperspektive zu verdeutlichen, erzählte ich beiden Eltern den ganzen Ödipus-Mythos. Ich war selbst betroffen, wie tief bewegt beide Eltern reagierten. Nicht nur das Thema einer unbewussten Schuld wurde ihnen nachvollziehbar, auch die besonders starke Bindung der Mutter an ihren Sohn wurde ihr plötzlich bewusst, die sich hinter der ständigen Angst vor weiteren Unfällen und der ständigen Ermahnung, er müsse sich verantwortlicher um sich kümmern, verbarg.

2.2.4 Elterliche Fürsorge oder Zwang in die Abhängigkeit: Daidalos und Ikarus

Daidalos war bereits ein berühmter Erfinder und Ingenieur, als er entdeckte, dass sein Neffe, der bei ihm lernte, drohte, genialer zu werden als er selbst. Um dieser Entthronung zu entgehen, tötete er ihn. Wahrscheinlich auf der Flucht vor der Strafe floh er nach Kreta zu König Minos. Für dessen Sohn, den Minotauros, baute er das berühmte Labyrinth. Dieser war ein Untier, halb Stier, halb Mensch, der alljährlich eine Anzahl von jungen Menschen verschlang. Theseus erhielt von der Tochter des Königs, Ariadne, einen roten Faden, mit dessen Hilfe er das Labyrinth wieder verlassen konnte, nachdem er den Minotauros erschlagen hatte. Den Rat für dieses wichtige Hilfsmittel, den berühmten Ariadnefaden, nach dem wir noch heute oft suchen, empfing Ariadne von Daidalos. Aus Rache für die Beihilfe zum Mord an seinem Sohn verbannte Minos Daidalos und dessen Sohn in dessen eigenes Labyrinth. Ohne roten Faden fand der geniale Erfinder jedoch selbst nicht mehr heraus. Deshalb war er gezwungen, Flügel aus Wachs herzustellen, mit deren Hilfe beide das Labyrinth verlassen konnten. Daidalos ermahnte seinen Sohn, nicht zu hoch zu fliegen. Die Sonne könnte die Flügel zum Schmelzen bringen. Weiterhin klingt die Ermahnung, auch nicht zu tief zu fliegen, so dass das Meer die Flügel benetzen könnte, zunächst sehr väterlich. Aber wäre es nicht angemessener gewesen, einen sich omnipotent gebenden Jugendlichen aktiv handelnd zu begleiten, statt im Vorfeld zu ermahnen? Ist es nicht sinnvoller, in einem gewissen Sicherheitsabstand fürsorgend zu begleiten, statt im Vorfeld kluge Hinweise zu geben? (Jugendliche hören bei verbalen erzieherischen Appellen schon längst nicht mehr zu!)

Elterliche Aufgabe ist Hilfe zur Selbsthilfe, nicht nur Worte, die das Versagen des Jugendlichen schon fast voraussehen. Bei Misserfolgen folgt ja oft der Satz: »Ich habe es dir ja gleich gesagt...«

In der Therapie eines 15-Jährigen ging es um sein Bedürfnis, in wachsender Unabhängigkeit von den Eltern zutrauend begleitet zu werden, ohne ständig mit gut gemeinten Ratschlägen gegängelt zu werden. »*Das regt mich so auf, dass ich dann am liebsten das Gegenteil mache, obwohl ich weiß, dass es mir schadet.*«
Wir überlegten, dass ein gemeinsames Familiengespräch vielleicht eine Klärung erlauben könnte. Beide Eltern waren dazu bereit und der Jugendliche eröffnete das Gespräch folgendermaßen: »*Ich plädiere für Erziehungspause. Entweder habt ihr in den 15 Jahren meines Lebens etwas an mich hingebracht, dann könnt ihr auf eine gute Wirkung vertrauen. Wenn ihr es nicht geschafft habt, ist es jetzt ohnehin zu spät.*« *Wir einigten uns nach vielen Diskussionen auf den Versuch einer einjährigen Erziehungspause in der Weise, dass die Eltern auf verbale Ratschläge, Hinweise und Ermahnungen verzichteten, aber in Bezogenheit weiter zur Seite standen und im Notfall helfend und schützend eingriffen. Sie hielten sich daran und die Erziehungspause dauert bis heute an.*

2.2 Die griechischen Mythen

In diesem Fall war vor allem für mich das Verständnis des Mythos wichtig, um den Wunsch des Sohnes zu unterstützen, obwohl sein Verhalten zu diesem Zeitpunkt zuhause, aber auch in der Schule, eher zur Besorgnis und elterlicher Sorge Anlass gab. Aber der Doppelaspekt, ihn zu lassen, ihm zu vertrauen und gleichzeitig bei Bedarf ohne Vorwurfshaltung zur Verfügung zu stehen, unterstützte seinen Mut, selbstverantwortlich das eigene Leben in die Hand zu nehmen. Erziehung als notwendige pädagogische Maßnahme wurde von den Eltern nie wieder thematisiert.

2.2.5 Ambivalenz in der Mutter-Sohn-Beziehung: Hera und Hephaistos

Schon Freud war überzeugt, dass Mütter vitale, gesunde Söhne brauchen, um das eigene Selbstwertgefühl zu stabilisieren. Eine Mutter, die mich wegen einer Beratung hinsichtlich ihres Sohnes mit Downsyndrom aufsuchte, äußerte: »Ich will unbedingt noch einen gesunden Sohn haben, damit ich mir (und der Welt) beweisen kann, dass ich auch ein gesundes Kind gebären kann!

Auch der Mythos kennt dieses Thema. Hera die Frau des obersten Olympiers, Zeus, wurde noch vor der Heirat schwanger, ohne dass von einem Gemahl berichtet wird. Hera stellte ursprünglich ein Relikt der alten sumerischen Muttergottheit, der Repräsentantin des Matriarchats, dar. Und dies lange bevor sie auf eine eifersüchtige und neidische Rolle als Ehefrau des Zeus reduziert wurde. In dieser Eigenschaft konnte sie aus sich heraus Leben erzeugen. Als sie jedoch sah, dass ihr Sohn Hephaistos hässlich und missgestaltet war, er hinkte und hatte einen Hüftschaden, warf sie ihn wütend aus dem Himmel. Zum Glück fiel er ins Meer und wurde von der barmherzigen Meergöttin Thetis aufgenommen und acht Jahre liebevoll umsorgt. Unter den Geborgenheit gebenden Händen der Adoptivmutter entwickelte er seine kunstfertigen schöpferischen Begabungen, die ihn zu einem der beliebtesten Götter des Altertums machten. Als Antwort auf die mütterliche Lieblosigkeit schmiedete Hephaistos einen goldenen Thron und sandte ihn seiner leiblichen Mutter als Geschenk. Diese ließ sich voll Stolz darauf nieder, konnte sich jedoch nicht mehr erheben. Jegliche Hilfestellung aller Götter war umsonst. Erst Hephaistos selbst konnte sie wieder befreien und sich später mit ihr versöhnen.

Im Mythos spiegelt sich eine Situation, die sehr aktuell anmutet und erneut den archetypischen Gehalt dieser alten Geschichten unterstreicht: Eine in ihrem Selbstwert gekränkte Mutter, die scheinbar allmächtig und doch Naturgesetzen unterworfen ist, reagiert mit Aggression auf diese Kränkung. Gerade in der Identifikation mit der Großen Mutter, die Leben schenkt, ist jede Frau nicht nur dem positiven Aspekt des Mütterlichen, sondern auch dem Leben vernichtenden Anteil verbunden (vgl. den Band *Psychodynamische Therapien von Kindern, Jugendlichen und jungen Erwachsenen* in dieser Reihe). Der Mythos vermittelt über die Gestalt der Thetis aber auch die Wirksamkeit einer korrigierenden Erfahrung. Selbst ein primäres Verstoßen, wie wir es in der Adoptivsituation kennen, kann in seiner destruktiven Qualität korrigiert werden. Beeindruckend ist, wie im Mythos die gelegentlich narzisstischen Züge einer Mutter symbolisiert werden. Auf einem goldenen Thron sitzen und Herrschen entspricht dem Anspruch der eigenen Großartigkeit. In der Selbstbezogenheit gefangen und auf die Hilfe dessen angewiesen zu sein, der zunächst das Opfer des eigenen Narzissmus ist, bedeutet Lösung und Beginn einer neuen Beziehung. Erlösung vollzieht sich jedoch immer nur durch denjenigen, der aufgrund von Erkenntnis aus der Rache aussteigen will und die versöhnliche Geste anbietet. Das geschieht, wie der Mythos berichtet, nicht sofort. Das Opfer, das in der reaktiven Gegenbewegung zum vergeltenden Täter wurde, benötigt Hilfestellung von außen. Der Alkohol z. B. kann ein Symbol für eine andere Fühlqualität sein, die statt des Denkens, der Ratio, eingesetzt werden muss, um Veränderung herbeizuführen. Dahinter steht Dionysos in seinen vielfältigen Erscheinungsformen auf Vasen, Reliefs und Fresken.

Ich denke in diesem Zusammenhang an einen geistig behinderten Patienten. Im Alter von 17 Jahren konnte er die ablehnende Haltung seiner Mutter in Worte fassen und sich damit aus seinem Stottersymptom befreien. Er verstand, dass er vor der aggressiven Abgrenzung der Mutter, die sich seiner schämte, hochgradige Ängste entwickelt hatte; er fühlte sich sozusagen aus dem Paradies einer potenziellen Mutterliebe verstoßen. Folgender Ausspruch spiegelt die innere Befreiung und ein in der Therapie entwickeltes Selbstbewusstsein: »Mutter–schwierig« und dann mit abwehrender Geste: »nicht mein Problem«.

2.2.6 Mütterliches Bindungsbedürfnis: Demeter und Kore

Aber auch der Gegenpol einer verstoßenden Haltung, die Unfähigkeit, loszulassen, findet seine Entsprechung im Mythos.

Demeter, die Göttin der Fruchtbarkeit liebte ihre Tochter unendlich, fixierte sie jedoch in der Tochterrolle, so dass jene den Namen »Kore« (Mädchen) trug. Einst spielte sie mit ihren Freundinnen auf einer Wiese, als sie von Pluto, dem Gott der Unterwelt, geraubt und zu seiner Frau gemacht wurde. Demeter war untröstlich, suchte die Tochter überall und ließ in ihrer Verzweiflung alles verdorren. Schließlich kam es zu einem Kompromiss: Kore – inzwischen Persephone – weilte einen Teil des Jahres in der Unterwelt als Gemahlin des Pluto, einen Teil auf der Oberwelt bei ihrer Mutter.

Der Gehalt des Mythos zeigt, dass bindende Liebe einer Mutter den Weg in die Autonomie erschwert, wenn nicht gar verhindert. Gerade eine Tochter muss sich in der Pubertät von der Mutter abgrenzen, ein Ich-Bewusstsein aufbauen, um sich im Anschluss daran wieder mit der weiblichen Rolle identifizieren zu können. Es ist ein leidvoller Prozess, nicht nur für die Mutter sondern auch für die Tochter, denn im Mythos schrie und klagte die geraubte Kore angesichts der Gewalt des Männlichen ebenso, wie die Mutter in Verzweiflung nach ihrem »Mädchen« suchte.

Ein eindrucksvolles Beispiel für diese Problematik erlebte ich in einem Gespräch mit einer Mutter und ihrer 13-jährigen Tochter: Im Verlauf der immer aggressiver werdenden Auseinandersetzung rief die Mutter anklagend aus: »Ich will ja nur Dein Bestes«, *worauf die Tochter konterte:* »Wessen Bestes? Dein Bestes!« *Hierauf stieß die Mutter unter Schluchzen mir gegenüber heraus:* »Sehen sie, im-

mer will sie das letzte Wort haben«. Worauf die Tochter sagte: »Natürlich, sonst hättest du es ja!«
Erst nach einer langen analytischen Arbeit, die einmal die Therapie mit der Tochter, zum anderen die Arbeit mit der allein erziehenden Mutter betraf, konnten sich beide aus ihren Rollen, die eine wechselseitige Fixierung in der Abhängigkeit in sich schlossen, befreien und auf einer partnerschaftlichen Ebene einen reiferen Kontakt aufbauen. Man wird immer die Tochter einer Mutter bleiben aber symbolisch gesprochen nur im »Nebenberuf«. Darauf weist auch der Mythos von Demeter und Kore hin.

2.2.7 Die Suche nach Ich-Identität: Achill

Thetis, die Meeresgöttin, die sich schon des verstoßenen Hephaistos angenommen hatte, wollte auch ihrem Sohn Achill die göttliche Unsterblichkeit vermitteln, die er angesichts seines sterblichen Vaters nicht selbstverständlich hatte. Zu diesem Zweck hielt sie ihn nächtlich über ein Feuer, das Unsterblichkeit garantieren sollte. Ihr Mann überraschte sie bei diesem Tun, erschrak, so dass Thetis ihr Werk nicht vollenden konnte. An der Ferse, an der sie das kleine Kind gehalten hatte, blieb Achill verwundbar. Als Göttin wusste Thetis um das Schicksal ihres Sohnes und wollte ihn darum vor dem Trojanischen Krieg bewahren. Sie zog ihm Mädchenkleider an und gab ihn in die Obhut des Königs Lykomedes. Hier reihte er sich bei den 12 Töchtern ein, so dass die Sucher Agamemnons, des Heerführers der Griechen, den jungen Helden nicht entdecken konnten. Odysseus enttarnte ihn über eine List: Er ließ Trommeln rühren, so dass sich Achills kämpferisches Blut rührte und er zu den Waffen griff.

Dieser Mythos vermittelt die Botschaft, dass letztlich niemand »aus seiner Haut« kann. Mag eine Mutter oder ein Vater Wünsche und Fantasien haben, in diesem Fall Achill vor einem bedrohlichen Schicksal zu bewahren, er bleibt der, der er ist.

Mephisto: »Setz dir Perücken auf von Millionen Locken, / setz deinen Fuß auf ellenhohe Socken / du bleibst doch immer, was du bist.« (Goethe 2000)

Aber auch im Praxisalltag begegnen wir immer wieder der Frage nach der eigenen Identität. Ist es möglich, wirklich der oder die sein zu dürfen, als welche man gemeint ist?

> *Eine 17-jährige Jugendliche konnte nach einer langen Phase der Therapie hervorstoßen »meine Seele hat sich den falschen Körper gesucht«. Sie fühlte und gab sich als Junge, trotz ihrer ausgesprochen weiblichen Formen. In weiteren Stunden konnte sie formulieren, dass ihre Mutter sie in den ersten sechs Lebensjahren als Partner gebraucht hätte, weil der Vater bereits während der Schwangerschaft verschwunden gewesen sei.« Und dann hat meine Mutter einen neuen Mann gefunden, ein Kind gekriegt und ich wurde nicht mehr als die gebraucht, die ich für sie über lange Zeit gewesen war. Die wichtigste Erfahrung für sie war, sich zu ihrer innerlichen Männlichkeit zu bekennen.« Ich brauche es nicht, an mir herumschnippeln zu lassen, das Wichtigste ist, dass ich weiß, wer ich bin. Dieses Bekenntnis zu sich selbst unterstrich sie mit einem männlichen Kurzhaarschnitt statt der bisherigen blonden, kinnlangen Haare. Dieser Schritt bedeutete eine unglaubliche Erleichterung.« Und wenn mich alle ›Lesbe‹ schimpfen, ich bin die, die ich bin«.*

2.2.8 Rivalität unter Brüdern und die Rolle des Tricksters: Hermes und Apoll

Hermes, Sohn des Zeus und der Pleiade Maia, einer Tochter des Atlas, zeigte schon als Säugling seine göttliche Abstammung. Zwei Schlangen, die ihm die eifersüchtige Hera schickte, erwürgte er schon am ersten Tag seines Lebens. Während er so in den Windeln in seiner Wiege lag, wurde es ihm langweilig. Er tötete eine Schildkröte, formte mit Hilfe des Schildes eine Leier und brachte sich selbst das Musizieren bei. Anschließend stahl er seinem Bruder Apoll eine Anzahl Rinder, lief mit ihnen jedoch rückwärts, um seinen Raub zu tarnen, opferte seinem Vater Zeus ein Rind und kroch dann zurück in seine Windeln. Bei seinem listigen Tun wurde er jedoch von einem Hirten beobachtet, der es Apoll hinterbrachte. Wütend stellte dieser seinen Bruder zur

2 Die Mythen der Welt

Rede. Hermes leugnete die Tat jedoch beharrlich, obwohl sein Vorgehen offensichtlich war. Zeus war schließlich so beeindruckt von der Kaltblütigkeit des Hermes, dass er seinen beiden Söhnen eine versöhnliche Lösung vorschlug. Apoll sollte die Leier des Bruders bekommen und jener sollte ihm außerdem das Spiel auf der Leier beibringen. So gelang zwar die Versöhnung, aber der Jüngere fühlte sich trotzdem als Sieger.

Eine ähnliche Situation erlebte ich mit zwei Brüdern von denen der jüngere in meiner therapeutischen Behandlung war. Dieser entwendete seinem älteren Bruder eine sehr kostbare Briefmarke aus dessen Sammlung und ordnete sie bei sich ein. Das Ganze kam heraus. Er wurde von seinem Bruder, aber auch von seinen Eltern zur Rede gestellt und er stritt es, ähnlich wie Hermes, ab. Er habe keine Ahnung, wie die Marke in seinen Besitz und in sein Album gekommen sei, er könne sich das überhaupt nicht erklären.

Völlig außer sich fand sich die Familie bei mir ein mit dem Anspruch, ich sollte doch den Jungen, nachdem er bei mir in Therapie sei, zur Einsicht bringen. Ich fühlte mich zunächst einigermaßen hilflos. In welcher Form sollte ich meinen therapeutischen Auftrag mit diesem Anspruch verbinden?

Ich nahm meine Zuflucht zum Mythos und erzählte die Geschichte von Apoll und dem listigen kleinen Hermes. Die Lösung war ein entspanntes Lachen der Eltern und beider Söhne. Der Vater meinte, er müsse sich wohl, entsprechend dem Zeus, einen guten Ausgleich einfallen lassen. Mein Patient gab seinem Bruder die Briefmarke zurück und meinte, er habe doch in Hermes ein gutes Vorbild gehabt. Und der ältere konterte, dass Apoll auf jeden Fall mit der Leier profitiert habe. Er sei neugierig, was sich sein Vater überlegen würde. Dieser bekam vor dem Hintergrund des Mythos eine zentrale strukturierende Rolle. Da er im Alltag beruflich sehr engagiert war, überließ er seiner Frau gern die häusliche Dominanz. Der Vorfall wurde zum Beginn einer Neuorientierung innerhalb der Familie, die den Söhnen mehr Sicherheit in ihrer männlichen Identität erlaubte.

2.2.9 Weibliche Rollenvorbilder: Penelope und Klytämnestra

Im Mythos begegnen wir zwei Rollenbildern, die sich deutlich unterscheiden: Auf der einen Seite kennen wir die treue Penelope, die Frau des Abenteurers Odysseus. 20 Jahre wartete sie auf die Heimkehr ihres Mannes, der seinerseits schicksalsmäßig die unterschiedlichsten dramatischen Abenteuer erlebte. Psychologisch könnte man sie als Versuch, sein Mutterproblem zu bewältigen, als Herausforderung, mit seinen Triebimpulsen umzugehen, und schließlich als Suche nach der eigenen Identität interpretieren: Sei es, dass er den verführerischen Sirenen lauscht, sich mit der Zauberin, Kirke verbindet oder bei der Nymphe Kalypso Station macht und zwei Kinder zeugt. Nie wird sein Mitgefühl angesichts einer wartenden Penelope thematisiert. Es scheint selbstverständlich, dass sie auf ihn bezogen bleibt und sich mit einer List der werbenden Freier erwehrt: Sie erklärt, einen erhören zu wollen, wenn sie das Leichenhemd für ihren Schwiegervater fertig gestellt habe. Dabei trennt sie nachts wieder auf, was sie tagsüber gewebt hat und verharrt so in einer passiven Wartehaltung. Einzig diese ergebene Treue wird als ihre Qualität beschrieben.

Im Gegensatz dazu wird uns die Persönlichkeit der Klytämnestra, der Frau des trojanischen Heerführers Agamemnon beschrieben: Weil dieser die Autorität der Göttin Artemis zu wenig geschätzt hatte, schickte sie ihm eine Flaute, so dass die Flotte, die Agamemnon befehligte, nicht auslaufen konnte. Das befragte Orakel teilte mit, dass Agamemnon seine Tochter Iphigenie auf dem Altar der Göttin opfern müsse, um sie zu besänftigen. Unter dem Vorwand, Iphigenie mit dem Helden Achill zu verheiraten, lockte Agamemnon seine Tochter nach Aulis und opferte sie nicht nur der Göttin, sondern vor allem seinem militärischen Ehrgeiz. Dass Iphigenie, als sich eine dichte Wolke niedersenkte nicht getötet, sondern von der Göttin als ihre zukünftige Priesterin ins ferne Tauris entführt wurde, wusste niemand.

Klytämnestra fühlte sich von ihrem Mann belogen. Gleichzeitig erwartete er, dass sie die Regierungsgeschäfte zu übernehmen habe und zusätzlich für die drei verbliebenen Kinder eine gute Mutter sein sollte. Klytämnestra, eine starke und autonome Frau, bewältigte diese Aufgaben in eindrucksvoller Stärke. Dass sie sich einen Geliebten zur Seite holte (auch Agamemnon hatte während des zehnjährigen Feldzuges verschiedene Geliebte), galt in der Einschätzung der Antike für eine Frau als unschicklich. Sie hatte sich dem Männlichen unterzuordnen. Agamemnon kehrte nach zehnjähriger Abwesenheit als gealterter Krieger und zusätzlich mit der Seherin Kassandra als seiner Geliebten zurück und erwartete, seine Frau solle sich wieder mit der alten tradierten Frauenrolle zufrieden geben, wieder ins zweite Glied zurückzutreten und zusätzlich die trojanische Prinzessin an seiner Seite akzeptieren.

Klytämnestra war nicht bereit, sich mit diesem Bedeutungsverlust abzufinden. Sie warf ein Netz über den sich im Bade Befindlichen und ihr Geliebter Aegisth spaltete Agamemnon den Kopf. In einer symbolischen Deutung könnte dahinter stehen, dass Klytämnestra nicht bereit war, sich dem »Gedachten« anzupassen und sich passiv dem Machtgebaren des Ehemannes zu unterwerfen. Jener hatte ja bereits schon über den betrügerischen Handel mit seiner Tochter Iphigenie und während des Krieges um Troja seine Egozentrik unter Beweis gestellt.

Diese autonome Weiblichkeit, die sich mit einer dienenden Weiblichkeit nicht identifizieren will, entspricht dem archetypischen Bild der Lilith. Diese war die erste Frau Adams. Sie war nicht bereit, sich jenem zu unterwerfen, sondern entzog sich seinem Machtanspruch, indem sie auf die Erde ging und dort selbstbestimmt lebte. Diese Haltung wurde im Laufe der Geschichte zu einem bösen Tun umgedeutet und in der Folge mit dem dunklen Aspekt des Weiblichen ausschließlich gleichgesetzt (Walker 1993, S. 613).

Welche Antworten geben diese mythischen Geschichten auf die Frage nach der weiblichen Identität unserer Tage? Im Grunde zeigen beide Geschichten, sowohl die der Penelope als auch die der Klytämnestra, eine Einseitigkeit in der abhängigen wie in der autonomen Haltung.

Die Frage nach der eigenen Rolle stellt sich in gleicher Weise heute den jungen Mädchen. Wer bin ich und wer soll ich sein? Das alte Rollenbild der abhängigen aber geborgenen und versorgten Frau, das in der jüngeren Vergangenheit auf den Kopf gestellt wurde, scheint heute eine neue Attraktivität zu gewinnen.

»Ich angele mir einen reichen Mann und habe damit ausgesorgt. Sollten wir uns scheiden lassen, muss er mir genügend bezahlen«, so eine 15-Jährige im Rahmen einer Gruppentherapie. Eine 16-jährige Jugendliche reagierte empört »Du willst dich von einem Macho abhängig machen und Weibchen spielen, nie im Leben würde ich das machen. Ich will frei und unabhängig sein!«
Das mit Leidenschaft diskutierte Thema in dieser Jugendlichengruppe mit ausschließlich weiblichen Mitgliedern war eine Auseinandersetzung mit Befürworterinnen der abhängigen und auf der anderen Seite mit jenen der autonomen Haltung. In kleinen Schritten konnte herausgearbeitet werden, dass das unlösbare Problem in der Ausschließlichkeit eines »entweder – oder« lag. Schließlich formulierte eine 16-Jährige das erlösende Wort vom »sowohl – als auch«. Dass dieser Kompromiss eine schwierige Aufgabe darstellte, gerade mit Blick auf eine mögliche Familie, wurde allen klar. Eine 17-Jährige fasste das Dilemma schließlich mit einer gewissen Zuversicht zusammen: »Haben wir nicht ein mehrdimensionales Gehirn? Dann muss so etwas doch zu schaffen sein, wenn man es auch wirklich will«!

2.2.10 Geist contra Emotion: Dionysos und Apoll

Dionysos ist ein sehr alter Gott, der ursprünglich aus Innerasien stammte. Er ist landläufig als Gott der enthemmten Orgien und des Rausches bekannt. Dieser Eindruck wird verstärkt durch die römische Religion, die ihn einseitig auf diesen Aspekt in Gestalt des Bacchus reduzierte. Dionysos ist jedoch weit mehr. In der griechischen Mythologie vertritt er vielschichtige Bereiche menschlichen Erlebens. Dies wird bereits in der Tatsache deutlich, dass er den Namen »Wiedergeborener« trägt. Angesichts ihrer Eifersucht veranlasste Hera die Titanen, Dionysos zu zerstückeln, weil eine andere Göttin seine Mutter war. Ein zweites Mal ist er der Sohn der Semele, der Tochter des Kadmos von Theben. Durch Hera veranlasst, wünschte jene ihren Liebhaber, Zeus, zu sehen. Diesem Aspekt der folgenschweren Neugier begegnen wir immer wieder in den Mythen der Antike. Bekanntestes Beispiel ist das Märchen von Apuleius, »Amor und Psyche«.

Der Göttervater offenbarte sich im Blitz und Semele verbrannte. Zeus übernahm nun den Fötus, nähte ihn in seinen Oberschenkel ein und brachte ihn nach 3 Monaten zur Welt. Wenn man dieses Phänomen symbolisch deutet, verkörpert Dionysos in seiner Gestalt die Phänomene Wandlung und Neuwerdung. Neben der Repräsentanz von intensiven Emotionen, die vor allem von seinem weiblichen Gefolge, den Mänaden, ausgelebt wurden, ist Dionysos aber auch der Gott des Theaters und hier wiederum sowohl der Tragödie wie der Komödie. Mit seinem Halbbruder Apoll, der gemeinhin den Lichtaspekt symbolisiert, teilte er sich das gleiche Heiligtum, Delphi. In den lichterfüllten Sommermonaten herrschte hier Apoll, im dunklen Winterhalbjahr Dionysos. Die Grenze war klar durch die Jahreszeiten gezogen. Es war den Angehörigen der jeweiligen Gottheit streng verboten, diese zu überschreiten und länger als vorgeschrieben im Heiligtum zu verbleiben.

Dass jedoch auch Apoll eine dunkle Seite hat, beschreibt der Mythos des Wettstreites zwischen ihm und Marsyas, der als Satyr dem Reich des Dionysos angehörte. Marsyas bekam von Athene den Aulos, eine Doppel-Oboe. Athene hatte dies Instrument zwar erfunden, lehnte es aber ab, als sie sah, dass das Blasen ihre Schönheit entstellte. Marsyas erreichte auf dem Aulos eine solche Fertigkeit, dass er es wagte, Apoll zum Wettstreit herauszufordern. Apoll war ein Meister auf der Leier. Die Zuhörerinnen, die neun Musen und die Nymphen, wollten jedoch schon Marsyas die größere Fertigkeit zusprechen, als Apoll meinte, nur der sei Sieger, der auch auf dem umgekehrten Instrument spielen könne. Der Sieger dürfe, so war die Vereinbarung, mit dem anderen machen, was er wolle. Nun musste sich Marsyas geschlagen geben, denn auf der Leier war ein derartiges Spiel möglich, auf einem Aulos nicht. Apoll verlangte als Preis, dass Marsyas die Haut abgezogen werden solle.

Dieser Mythos scheint eine tiefe Bedeutung zu haben, denn sie animierte viele Künstler zu einer Darstellung bis hin zu einer fein geschnittenen Gemme, die wiederum Botticelli so beeindruckte, dass er auf einem Gemälde, der Bella Simonetta, der Schönen diesen Schmuck um den Hals legte (Zöllner 2009, S. 36).

Welche Botschaft könnte dieser vordergründig grausam anmutende Mythos vermitteln? Zunächst werden uns mit den beiden Kontrahenten die Gegensätze zwischen Licht und Dunkel vorgestellt. Mit den Instrumenten stehen uns symbolisch beide Welten in ihrer Gegensätzlichkeit gegenüber: Der Aulos, der zwar immer als Flöte bezeichnet wird, jedoch ein Doppelrohrblattinstrument ist, mit einem Ton, der vergleichbar dem der Oboe ist. Nicht umsonst gibt eine Oboe im Orchester den Stimmton an. Die Leier dagegen ist ein zartes Instrument, in dem Saiten in Schwingungen versetzt werden. Man könnte über die Botschaft der Instrumente vermuten, dass eine Akzeptanz der dunklen Seite Eindeutigkeit erlaubt, während die Lichtseite durchaus eine vieldeutige ist. Dies beweist der doppelbödige Ausspruch des Apoll, dass nur der Sieger sei, der sein Instrument auch in der umgekehrten Richtung spielen könne. Zunächst scheint die Botschaft aus dem Dunkel diejenige zu sein, die die zuhörenden Nymphen und Musen mehr bewegt. Apoll kontert jedoch mit nüchterner Rationalität und scheint in der Konfrontation zu gewinnen.

Um das Symbol des Abziehens der Haut zu verstehen, sind Redensarten gelegentlich hilfreich. Man spricht davon, einem »das Fell über die Ohren zu ziehen«. Dies entspricht der Haltung des Apoll, der hier in die Rolle des Tricksters geschlüpft ist und über eine List den Wettstreit gewinnt. Die Haut ist aber auch Berührungsorgan, bietet Schutz und Sicherheit. Hauterkrankungen weisen zumeist auf eine frühe defizitäre Geborgenheitserfahrung hin. Nicht selten sind es Kinder, die eine mitfühlende Hingabe nicht ausreichend erlebt haben, die damit keine schützende Haut entwickelten und sich in der Folge auch selbst nicht genügend schützen können.

Das unbezogene Denken als erzieherische Interaktion, verstärkt durch den Hinweis auf die Realität, kann für Kinder sehr verletzend sein. Sie haben eben noch kein »dickes Fell«, das man ihnen unbesorgt über die Ohren ziehen darf. Sie können sich in ihrer gefühlten Schutzlosigkeit als Folge einer wenig kindgemäßen Erziehungshaltung nicht selbstbewusst abgrenzen.

Eine Notlösung ist die Entwicklung einer Trickster-Identität, der wir schon bei Hermes begegneten. Über List eine Lösung von Konflikten zu versuchen, kann manchmal lebensrettend sein. In vielen Mythen wird auf diese Möglichkeit hingewiesen, am überzeugendsten in der Odyssee, wo der Held ebenso als »großer Dulder« als auch der »Listenreiche« beschrieben wird.

Zusammenfassung

Griechische Mythen machen die Polarität von Machtstreben und Ohnmachtsgefühlen als einem archetypischen Vater-Sohn-Konflikt sichtbar. Auf der anderen Seite beschreibt der Mythos aber auch die Gefahr der symbiotischen Bindung, die Unfähigkeit einer Mutter, die Tochter loszulassen. Griechische Mythen können Hilfestellung geben in der Frage elterlicher Fürsorge. Sie beschreiben den auch heute gleichermaßen gültigen Spannungskonflikt von dem notwendigen Zutrauen in die Selbstverantwortung eines Kindes auf der einen und dem Bedürfnis als elterlicher Helikopter zu behüten und sorgend zur Verfügung zu stehen auf der anderen Seite. Das Thema loyaler Bindungen wird ebenso dargestellt wie der Konflikt zwischen Autonomie und Abhängigkeit. In verschiedenen mythischen Geschichten spiegeln sich Spannungszustände, die wir unter psychologischem Blickwinkel als intrapsychische oder interpersonelle Konfliktfelder betrachten.

Die griechischen Götter ihrerseits dienen als Projektionsfläche für Wunschvorstellungen, Idealperspektiven, aber auch von Schattenaspekten. Stellvertretend lohnt es sich, die doppelbödige Identität des Gottes Hermes wahrzunehmen, aber auch Apoll ist keine reine Lichtgestalt, wie der Mythos des Wettbewerbes mit Marsyas zeigt. Damit erlauben die Mythen der Griechen auch ein Stück Versöhnung mit menschlicher Begrenztheit.

Literatur zur vertiefenden Lektüre

Andreae, B. (2012). *Antike Bildmosaiken* (2. Auflage). Darmstadt, Mainz: Philipp von Zabern.
Brinkmann, V. & Scholl, A. (2010). *Bunte Götter. Die Farbigkeit antiker Skulptur*. München: Hirmer.
Otto, W. F. (2002). *Die Götter Griechenlands. Das Bild des Göttlichen im Spiegel des griechischen Geistes* (9. Auflage). Frankfurt/M.: Vittorio Klostermann.
Remmler, H. (1988). *Das Geheimnis der Sphinx, Archetyp für Mann und Frau*. Olten: Walter.

Schefold, K. (1993). *Götter und Heldensagen der Griechen in der Früh- und hocharchaischen Kunst.* München: Hirmer.
Schlesier, R. & Schwarzmaier, A. (Hrsg.) (2008). *Dionysos, Verwandlung und Ekstase.* Regensburg: Schnell und Steiner.
Simon, E. (1998). *Die Götter der Griechen* (4. Auflage). München: Hirmer.
Sophokles (2002). *König Ödipus.* Stuttgart: Reclam.
Sophokles (2002). *Ödipus auf Kolones.* Stuttgart: Reclam.

Weiterführende Fragen

- Griechische Mythen kennen das Thema Ambivalenz. Bindung auf der einen Ausstoßung auf der anderen Seite; Festhalten in der Abhängigkeit oder Ermutigung zur Autonomie, welche Rolle fällt den Eltern zu?
- Der Mythos weiß um das Bedürfnis von Eltern, Einfluss auf die Rollenidentität ihres Kindes zu nehmen, bewusst oder unbewusst. Trotzdem sollte sich immer der eigene Lebensentwurf, das eigene Rollenverständnis durchsetzen dürfen. In welcher Form können griechische Mythen diesen progressiven Entwicklungsprozess stärken?
- Schon der griechische Mythos kennt die Rolle des Tricksters, eine Position, die häufig jüngere Geschwister, vorzugsweise jüngere Brüder einnehmen, um die Überlegenheit eines Älteren auszuhebeln. Hierbei wird auch die Frage beleuchtet, welche Rolle Eltern im Bruderkonflikt spielen sollen.
- Mythen setzen sich auch mit der weiblichen Rolle auseinander. Steht das Bild der dienenden, abhängigen Frau im Vordergrund, wie es dem Bewusstsein der Griechen entsprach, oder wird auch die autonome und eigenständige Frau symbolisiert? In wieweit unterstützt der Mythos die Auseinandersetzung mit eigenen Rollenvorstellungen?

2.3 Die geheimnisvollen Mythen der Etrusker

Das, was von den Etruskern überliefert wurde, stammt größtenteils aus der Feder römischer Philosophen und Schriftsteller. Sie setzten verständlicherweise ihren eigenen Wertmaßstab ein. Insgesamt schätzten sie Wissen und Weisheit dieses Volkes so hoch, dass sie sogar als römische Könige eine Rolle spielten.

Die Etrusker waren ein sehr religiöses Volk. Die vielschichtigen Dimensionen der Realität unterstanden nach ihrer Überzeugung den göttlichen Mächten. Nichts geschah zufällig, sondern war in den Rahmen einer göttlichen Ordnung einzugliedern. Daneben hatte die Natur eine hohe Bedeutung. Der ganze Kosmos war belebt, Steine, Pflanzen und Tiere waren darin sinnvoll eingebunden. So fand alles Geschehen eine weitreichende Bedeutung.

Der spirituelle Gehalt dieses Volkes, die Bereitschaft dem Göttlichen, der gottgewollten Ordnung gegenüber und der daraus resultierenden Sinnhaftigkeit des eigenen Schicksals können gerade in unserer Zeit eine neue Bedeutung gewinnen: Die Etrusker verstanden es einerseits, lebenszugewandt ihr Dasein sinnenfreudig zu genießen, und andererseits gleichzeitig das ihnen zugeteilte Geschick positiv zu akzeptieren. So wussten sie auch um das Ende ihrer Zeit und nahmen es als gottgewollt hin.

2.3.1 Die Götter der Etrusker, ihr Wille, ihre Deutung

Der Götterhimmel der Etrusker war vielfältig und orientierte sich sehr an jenem der Griechen. Einen besonderen Gott gab es jedoch bei den Etruskern, Culsans, der seine Entsprechung nur bei den Römern hatte. Neben seiner Doppelgesichtigkeit, die ihn neben den römischen Janus stellt, wurde Culsans zusätzlich als Gott der Tore, das heißt des Durchgangs oder Übergangs, verehrt. Er vereinigte in seiner Person die Gegensätzlichkeit von Vergangenheit und Zukunft, die Fähigkeit, gleichzeitig rückwärts und vorwärts zu schauen. Man könnte als Wortspiel auch von Rück-Sicht und Vor-Sicht sprechen. Damit vermittelt dieser Gott sinnbildlich Zeitlosigkeit, die Dynamik des Lebens im Durchschreiten von Toren, die überleiten zu neuen Lebenssituationen.

In einer Parallele ist keine Zeit im Leben stärker von diesen Phänomenen des Übergangs, des Umbruchs und der Neuwerdung geprägt wie das Jugendalter. Es ist ein Aufbruch zu Unbekanntem, Neuem, gelegentlich aber auch ein wehmütiger Rückblick auf den Verlust der Kindheit. Sie müssen sich vorsichtig an das Erwachsenwerden herantasten. Der Konflikt zwischen autonomen und abhängigen Wünschen und Bedürfnissen sollte zugunsten progressiver Entwicklungsschritte gelöst werden. Aber der Blick rückwärts zeigt auch den Verlust eines Paradieses der weitgehenden Unbefangenheit, des unreflektierten Erlebens des Augenblicks. So könnte dieser Gott Culsans für Eltern und Erwachsene symbolisch ein Türöffner sein, um Jugendliche in ihrer alterstypischen Ambivalenz besser zu verstehen.

Mythen und Lebensführung der Etrusker sind von einem umfassenden religiösen Bezug geprägt. Das ganze Leben war bestimmt von der Notwendigkeit, den Willen der Götter zu verstehen, der sich über die Deutungskunst der Haruspices erschloss. Die Seher (Haruspices) stammten zumeist aus adeligem Haus und waren hochgebildet. In der Disziplina, einer mehrteiligen Schrift, überwiegend durch Seneca festgehalten, finden sich sowohl wichtige Hinweise zur Weissagekunst und Erforschung des Sinngehaltes der Leber eines Schafes. Diese hochdifferenzierte Kunst, die von einer Generation zur anderen als Geheimwissenschaft weitergegeben wurde, war Garant für die spirituelle Ausrichtung dieses Volkes. Noch heute zeugt die in Vicenza gefundene bronzene Nachbildung einer Schafsleber von dieser als Wissenschaft angesehenen Fähigkeit, den Willen der Götter zu entdecken. In dieser Leber waren klar abgegrenzte Segmente bestimmten Göttern zugeteilt und erlaubten ein Erahnen ihrer Pläne.

In der Disziplina waren außerdem Anweisungen um die Deutung der Blitze zu erlernen. Sie wurden von Tinia (Zeus), dem obersten Gott, aber auch von Menerva (Athene) und Uni (Hera) geschleudert. Tinia verfügte über drei unterschiedlich zu interpretierende Blitzarten: Einer konnte Verderben ankündigen, ein anderer auf positive Entwicklungen hindeuten und ein dritter, indifferent, sowohl günstige als auch Verderben bringende Botschaften signalisieren.

Im Einklang mit der Gottheit zu stehen, war Lebensziel. Sich gegen sie versündigt zu haben, verlangte Sühne. Dieses im Tun und Sein mit dem Göttlichen verbunden zu sein ermöglichte Gefühle der Geborgenheit. Die Gewissheit sich innerhalb der göttlichen Ordnung zu bewegen gab Halt selbst in den Zeiten höchste Bedrohung durch die Römer. Die Überzeugung, dass selbst ihr eigener Untergang im göttlichen Willen vorgesehen war, erlaubte eine Gelassenheit, die sich auch in den Gesichtern ihrer Skulpturen deutlich abbildet.

Diese Tatsache vermittelt sich in den Geschichten der Etrusker und kann darum für Heranwachsende hilfreich sein, gerade wenn sie sich um Ausgleich und Harmonie innerhalb widerstreitender Impulse bemühen.

2.3.2 Die Disziplina und die libri ritualis

In der Disziplina hatten die libri ritualis eine besondere Bedeutung, weil sie sich auf die Gesamtheit des öffentlichen Lebens bezogen. Wesentlich war vor allem der soziale Aspekt, die Notwendigkeit, sich an bestimmte Regeln zu halten, um ein bezogenes öffentliches Leben zu gewährleisten.

Zum anderen gab es in den libri ritualis genaue Anweisungen für alle Verrichtungen des täglichen Lebens, der Organisation des Staates, des politischen Lebens bis hin zur Kriegsführung. Das Bedürfnis, mit dem Willen der Götter im Einklang zu leben, sorgte für eine Lebensführung, die sich sehr an einem guten Gewissen orientierte. Man könnte in unserer heutigen Terminologie sagen, dass in diesen Regeln ein hohes Maß an sozialem Verhalten in den erzieherischen Prozess eingebunden war. Das Tun des einen wurde zum Tun des anderen, der göttliche Wille, der dahinter stand, bestimmte die Interaktion in der Gemeinschaft. Egomanie war undenkbar und hätte einen gravierenden Verstoß gegen das Gesetz der Gruppe und der Zusammengehörigkeit des Volkes bedeutet.

Und wie sieht unser Erziehungsprozess heute aus? Wird nicht Selbstverwirklichung und individuelles Wohlergehen vor das Gemeinschaftsgefühl gestellt.»Erlaubt ist was gefällt« nach diesem Motto gibt es keinen Grund, sich an Struktur und Ordnung zu halten.

Eine 14-jährige Jugendliche erzählte mir von ihren kleineren und größeren Diebstählen. »Die sind so blöd und merken überhaupt nichts. Man darf sich nur nicht erwischen lassen, sonst gibt es Arbeitsstunden«. Sie berichtete mir weiter, dass sie in Läden sogar paarweise Schuhe stahl. Es war ihr überhaupt nicht bewusst, dass irgendjemand für den Schaden aufkommen musste. Sie verhielt sich wie in einem Selbstbedienungsladen ohne Bezahlung. In diesen sehr freimütig vorgebrachten Äußerungen fehlte jegliches Unrechtsbewusstsein oder gar Schuldgefühl.

Mir wurde dabei deutlich, dass die therapeutische Funktion heute auch Strukturierung erforderte. So sagte Hans Hopf vor geraumer Zeit rückblickend: »Früher mussten wir entgrenzen, heute müssen wir in der Therapie begrenzen«.

Um jedoch nicht zu einer moralisierenden schwarzpädagogischen Instanz zu werden, ist der Blick auf diese etruskischen Mythen hilfreich, um dem archetypischen Bedürfnis, sich sowohl als Individuum, als auch als verantwortliches Gruppenmitglied zu fühlen, einem Bedürfnis, das jedem Kind und Jugendlichen innewohnt, Rechnung zu tragen.

2.3.3 Spiritualität und die Frage nach dem Sinn

Die Etrusker weisen in ihrer Einstellung bei aller diesseitigen Sinnenfreude auf die für sie existenzielle Bedeutung einer religiös geprägten Lebensgestaltung hin. Darüber erschloss sich ihnen der Sinn ihres Daseins.

Gerade in unserer Zeit, die dem Spirituellen nur eine randständige Bedeutung zubilligt, muss die Bedeutung des Transzendenten wieder als notwendige Ergänzung zur Rationalität, der Machbarkeit aller Dinge, einen bedeutungsvollen Raum gewinnen. C. G. Jung wies als erster maßgeblicher Psychologe auf diesen Aspekt hin. Es geht hier nicht um eine illusionäre Tröstung, wie sie die Religionskritik etwa von Karl Marx (»Opium des Volks«) zu Recht entlarvt, vielmehr ist hier eine Religiosität gemeint, die dem Dasein und seiner Endlichkeit einen Sinn verleiht (religio: wörtlich »Rück-Bindung«). Gleichzeitig schließt diese Sinnhaftigkeit auch in sich den Auftrag ein, die Lebenszeit zu nutzen und das Leben nicht nur abzuleben. Gerade unsere Jugendlichen fragen immer neu nach dem Sinn des eigenen, aber auch des Lebens von Eltern und anderen Erwachsenen. Es ist unsere Aufgabe, ihnen die Bedeutung der Sinnsuche nahezubringen, die ohne den Bezug zum Göttlichen schwer fassbar ist. Der Bezug zum Transzendenten ist individuell sehr unterschiedlich und sicher nicht an eine enge Glaubensgemeinschaft gebunden. Es ist eine Lebenseinstellung, die erlaubt, enge, durch den Materialismus gezogene Grenzen zu überschreiten

Ein 16-Jähriger sagte mir einmal:»So wie mein Vater möchte ich nicht leben. Der arbeitet den ganzen Tag in der Firma, ohne große Freude, weil er halt muss. Und abends blättert er in der Zeitung und ich denke, er möchte möglichst von mir und meinem Bruder nicht behelligt werden. Und dann schläft er meist vor dem Fernseher ein. Das ist für mich ein sinnloses Leben, so möchte ich als Erwachsener nicht leben«.

Er sprach im Anschluss über seine Zweifel und gleichzeitig von seiner Sehnsucht, an eine ordnende Macht glauben zu können, die sich verantwortungsvoll auch um sein Leben fürsorglich kümmert. Ich machte den vorsichtigen Versuch, ihm von den Etruskern zu erzählen. Beeindruckend war, dass er deren spirituell orientierte Gewissheit, die ihrem Leben und ihrem Untergang einen Sinn verlieh, mit spürbarer emotionaler Beteiligung aufnahm. Meine Bedenken, er könne den religiösen Bezug der Etrusker auch als Fatalismus interpretieren oder meine Äußerungen als »Bekehrungsversuch« einstufen, waren völlig unberechtigt. Für ihn war die Tatsache, dass sich ein ganzes Volk in der göttlichen Ordnung gehalten fühlte, beinahe eine Offenbarung. »Ich glaube, ich werde mal anfangen, die Bibel durchzulesen. Mein Opa hat mir davon erzählt, und die Geschichten wären für ihn ein wichtiger Halt gewesen.«

2.3.4 Die Stellung der Frau

Die Etrusker erlaubten den Frauen eine gleichwertige Position im privaten und öffentlichen Leben. Sie nahmen selbstverständlich an den opulenten Festen teil, lagen mit den Männern beim Festmahl unter einer Decke und beteiligten sich aktiv am politischen Leben. In den spärlichen erhaltenen Dokumenten, vor allem von den römischen Philosophen festgehalten, wird die Gleichwertigkeit der Geschlechter mit deutlichem Befremden betont. Böse Zungen behaupteten ferner, dass die Frauen auch in der Sexualität sehr freizügig gewesen seien. Diese Meinung, von Griechen und Römern vertreten, dürfte jedoch aus deren patriarchalisch geprägten Denken resultieren. Für beide Völker hatte sich die Frau zurückzuhalten. Ihr Wert war deutlich geringer als der des Mannes.

2.3.5 Weisheit der Kindheit, Weisheit des Alters: Tages der Kindgreis

Ein Mysterium umgibt den Lehrer der göttlichen Weisheiten. Es ist eine Geschichte, die archetypischen Gehalt hat: Beim Pflügen entdeckte ein Bauer ein Kind, das aus der Erde empor kam, gleichzeitig aber das Aussehen eines Greises hatte. Er lehrte die Menschen die Fähigkeiten, aus der Schafleber den Willen der Götter zu lesen. Wer erinnert sich nicht an den zwölfjährigen Jesus im Tempel, der die göttliche Lehre interpretierte. Oder das göttliche Kind Horus, das als Kind bereits weise war. Hier zeigt sich die Weisheit des Christuswortes, wenn er sagt: »Werdet wie die Kinder«. Es geht nicht darum, kindlich naiv zu werden, sondern zu erkennen, wie viel ein Kind in sich trägt und uns auf emotionale Art beschenken kann.

Für mich war eine eindrucksvolle Bestätigung dieser Erkenntnis der Ausspruch eines Zwölfjährigen, der zu mir sagte: »Irgendwo bist du schon schrecklich alt, aber im Herzen, da bist du noch ganz jung!« So ein von Wahrhaftigkeit getragenes Geschenk können nur Kinder machen!

Zusammenfassung

Die Etrusker sahen in der Religion eine Offenbarung der Gottheiten. In ihrer Lebensführung versuchten sie, im Einklang mit diesem göttlichen Willen zu leben. Gerade angesichts ihres transzendenten Bezuges, der mit einer Fülle von Ritualen verbunden war, vermochten sie das Leben sinnenfroh zu genießen und damit ein inneres Gleichgewicht herzustellen. Damit im Zusammenhang stand ihre Bereitschaft, das Geschick anzunehmen. Über die hohe Weissagekunst der Haruspices war es trotzdem möglich, bis zu einem gewissen Grad Wissen und Können als einen Aspekt menschlicher Autonomie zu verwirklichen. Ähnlich wie die Ägypter glaubten sie an ein weiteres Leben nach dem Tod. Ihr positiver Jenseitsbezug äußerte sich in der farbenfrohen, lebensbejahenden Ausgestaltung der Gräber, zum Beispiel in Tarquinia.

Literatur zur vertiefenden Lektüre

Bebenheimer-Erhart, F. (2014). *Die Etrusker*. Darmstadt: Wissenschaftliche Buchgesellschaft.
Falchetti, F. & Romualdi, A. (2001). *Die Etrusker*. Stuttgart: Konrad Theiss.
Cristofani, M. (2006). *Die Etrusker, geheimnisvolle Kultur im Antiken Italien*. Stuttgart, Zürich: Belser.
Steingräber, S. (2012). *Tarquinia*. Darmstadt, Mainz: Philipp von Zabern.

Weiterführende Fragen

- Wie ist der Unterschied zwischen Logos und narrativer Erzählung anhand der Einstellung der Etrusker zu erklären? Wie ist diese Unterscheidung in der zunehmenden Intellektualisierung unserer Zeit pädagogisch und therapeutisch nutzbar zu machen?
- Kinder und Jugendliche fragen immer wieder nach dem Tod. Inwieweit kann die Einstellung der Etrusker Hoffnung und Zuversicht ermöglichen?

- Kann die Frage nach dem »Danach« angesichts des offenen Umgangs der Etrusker mit dieser Thematik Ängste relativieren und helfen, den Tod als zum Leben gehörig anzuerkennen?
- Können die Mythen der Etrusker ein Sinn stiftendes Gegengewicht zur überwiegend materialistischen Einstellung der heranwachsenden Generation bilden?
- Erlaubt die Einstellung und Lebensführung der Etrusker eine Klärung hinsichtlich der intrapsychischen Konfliktsituation?
- Wie lässt sich die Gleichwertigkeit von Mann und Frau erklären, trotz einer gegenläufigen Haltung der Griechen und Römer im gleichen Zeitabschnitt?

2.4 Die Mythen der Germanen

Die Mythen der germanischen Götter sind uns nicht so vertraut, wie die der Griechen. Das mag vordergründig am Missbrauch im dritten Reich liegen, die eigentliche Ursache liegt jedoch meines Erachtens tiefer: Die Götterwelt ist sehr stark mit den Naturgewalten des Nordens verknüpft, mit den Mächten von Wasser und Land, der unendlichen Weite und der damit verbundenen Nähe zu Naturwesen. Es gibt Riesen und Zwerge, dramatische Begebenheiten, Lug und Trug und schließlich als dramatischen Höhepunkt den Weltuntergang, das Ragnarök. In dieser Archaik könnte eine tiefsitzende Bedrohung liegen, die irrationale Ängste weckt und darum eine vorsichtige Distanzierung provozieren kann.

2.4.1 Die Götter der Germanen

Charakteristisch für die Götter ist, dass sie alle über sehr menschliche Eigenschaften verfügen. Zusätzlich gibt es keine Gottheit, die nur gut oder nur negativ ist.

Odin ist einerseits der weise Lichtgott, kenntnisreich, zauberkräftig, der die Runen lesen kann. Er ist ebenso Gott des Lebens als auch der Toten. An Mimirs Brunnen opfert er ein Auge, um die Geschichte vom Anfang und Ende der Welt zu erfahren. Hinzu kommt ein Selbstopfer. Um die Runen selbst zu erforschen und diese Kenntnis an die Menschen weiterzugeben, hängt er neun Tage kopfüber an einem windigen Baum. Er verkörpert vor diesem Hintergrund, was in der christlichen Mythologie in Gestalt des Christus Göttlichkeit und Menschsein zusammenfügt. Anfang und Ende der Welt, Gott und Mensch, Lichtgestalt und Totengott – diese Gegensätze vereinigt Odin in sich.

Zusätzlich wird in den Mythen jedoch auch immer eine sehr menschliche Dimension dargestellt: Er steht mit Thor, dem Repräsentanten dynamisch machtvoller körperlicher Stärke, in einem positiven wie negativem Wettstreit, dessen Inhalt häufig komplexhaft aufgeladene Machtimpulse sind.

Thor vertritt im Gegensatz zu Odin einen eher eindimensionalen Aspekt, der geprägt ist von körperlicher Stärke. Als Vertreter der rohen Kraft ist er gleichzeitig etwas naiv. Dazu passt, dass er auch häufig nur als der »Donnerer« bezeichnet wird. Zu den Menschen hat er eine besondere Beziehung und schützt Midgard, ihren Wohnraum. Daraus resultiert die Verehrung für ihn als Fruchtbarkeits- und Feuergott. Sein Abzeichen ist der Hammer Mjölnir, der unzerstörbar immer wieder in seine Hand zurückkehrt.

Der dritte zentrale Gott der Germanen ist Loki. In seiner Gestalt verkörpern sich am deutlichsten die Gegensätze. Ursprünglich war er ein Riese. Riesen waren die ganz natürlichen Gegenspieler der Asen, wie die germanischen Götter genannt wurden. Er lief jedoch zu jenen über und wurde von Odin in ihrer Mitte gleichberechtigt aufgenommen, indem er Blutsbrüderschaft mit ihm trank. In der Verbindung mit Loki zeigt sich erneut der Doppelaspekt Odins. Loki wurde zunächst gebraucht aufgrund seiner listigen Einfälle: Der Riese Trym stahl einst den wunderbaren Hammer Mjölnir des Thor. Der Riese war nur zur Rückgabe bereit, wenn ihm Freya, die schönste Göttin als Braut überlassen würde. Daraufhin schlug Loki vor, Thor selbst möge sich als die wunderbare Göttin Freya verkleiden. Dabei sollte er das kostbare Halsband, Brisingamen, von dem sich die Göttin nie trennte, tragen, wodurch jeder Zweifel zerstreut würde. Den gewaltigen Appetit des Gottes bei der vermeintlichen Hochzeitsfeier erklärte Loki immer wieder mit der Sehnsucht der Göttin nach dem Riesen, weshalb sie wochenlang nichts gegessen und getrunken habe. Kaum hatte Thor seinen Hammer wieder in Händen, erschlug er den Riesen und kehrte zu den Asen zurück. Loki stiftete mit seinen Ränken seinen kleinen und größeren Bosheiten jedoch auch immer wieder Unfrieden zwischen den Göttern. Einmal schnitt er Sif, der Gattin Thors, die goldenen Haare ab, ein anderes Mal raubte er Idun die goldenen Äpfel, die allen Göttern die ewige Jugend bescherten. Er war mit den Zwergen und ihren wundertätigen Fähigkeiten verbunden und gleichzeitig ihr Gegenspieler. Mit einer Riesin zeugt er drei Kinder, den Fenrichswolf, die Midgard Schlange und Hel, die entscheidend zum Weltuntergang beitrugen. Als Vertreter des zunehmend Bösen war er verantwortlich für den Tod Baldurs, indem er einen Mistelzweig, den der blinde Hödur abschießt, gegen jenen lenkt. Alle Pflanzen hatten der mütterlichen Frigg versprochen, Baldur zu schonen, nur den harmlosen Mistelzweig hatte sie in ihrer Fürsorge vergessen. Mit dem Tod des Lichtgottes war der Untergang der Asen besiegelt.

Diesem männlichen Götterdreigestirn stand ein weibliches gleichwertig gegenüber:

Die bedeutendste Göttin war Freya, die Schöne und Begehrenswerte, Verkörperung der Sonne. Neben ihrer Schönheit verfügt sie jedoch auch über Kraft und Stärke als Anführerin der Walküren. Ihre positiven Eigenschaften wurden von einer ausgeprägten Gefallsucht begleitet. Um den kostbaren Halsschmuck Brisingamen, den die geschickten Zwerge schmiedeten, zu gewinnen, schenkte sie jedem eine Nacht der Liebe. Ihr charakteristisches Gefährt ist ein Wagen, der von Katzen gezogen wird.

Frigg ist neben Freya die wichtigste Göttin. Sie verfügt über ausgesprochen mütterliche Züge. Sie ist Göttin der Fruchtbarkeit und des Spinnens, Gattin des Odin und Mutter des Lichtgottes Baldur. Sie hat den Beinamen »die Geliebte« und strahlt diese Liebe auch als Hauptmerkmal ihrer Persönlichkeit aus. Aber auch ihrer Mütterlichkeit sind Grenzen gesetzt. Sie kann Baldur vom vorgesehenen Tod nicht retten.

Freyr ist ein sanfter Fruchtbarkeitsgott. Entgegen dem ungeschriebenen Gesetz, sich nicht mit den Riesen als den gewaltigsten Feinden der Asen zu verbinden, verliebt er sich unsterblich in die schöne Riesentochter Gerd. Diese lebt, ähnlich wie Wotans Tochter Brunhild, hinter einer feurigen Waberlohe. Skimir, ein Freund Freyrs, durchreitet sie auf Freyrs Pferd. Über Druck und Zwang, die Bedrohung alt, hässlich und ungeliebt am Rande des Totenreiches zu sitzen, gewinnt er diese starke Frau für Freyr. Gerd gehört damit als dritte bedeutende Repräsentantin weiblicher Kraft zu den Asen.

Indem drei starke Götter drei starken Göttinnen gegenüber stehen, scheint sich eine göttliche Ausgewogenheit abzuzeichnen. Interessant ist, dass in diesem göttlichen Gleichgewicht der Kräfte beider Geschlechter das dunkle Element der Riesen in Gestalt von Loki und Gerd hinzugefügt ist. Die Riesen als Gegenspieler der Götter werden die Asen beim Weltuntergang (Ragnarök) vernichten. Könnte in diesen Götterkonstellationen nicht bereits eine aktuelle psychologische Botschaft vermittelt werden? Das Dunkle gehört zum Hellen als ein notwendiger Gegenpol. Damit es zu einem positiven Ausgleich kommt, verlangt das Dunkle den Prozess einer bewussten Integration, nicht ein willkürliches Benutzen (Loki) oder ein gewaltsames Begehren (Gerd).

Bereits in der Fülle der Göttergeschichten mischt sich immer wieder Helles und Dunkles, scheinbar zufällig, gelegentlich jedoch auch mit List oder Betrug verbunden.

Für Kinder sind diese Mythen aus verschiedenen Gründen hilfreich. Sie erfahren zum Beispiel, dass, wo viel Licht ist, auch zwangsläufig viel Schatten ist.

Ein Elfjähriger wurde mir als »ganz liebes Kind« von seinen Eltern vorgestellt, nur manchmal bekäme er seinen »Rappel«. Dann würde er völlig außer sich auf seine Schwestern losgehen, mit ihnen herumschreien, sie versuchen zu schlagen. Es sei ihnen rätselhaft, wo er doch sonst so lieb sei.

In einer der ersten Stunden malte er ein Bild: Eine bergige Landschaft, eine blutrote Sonne und ein wildes Pferd, dass sich offensichtlich gegen die Sonne aufbäumte. Darunter schrieb er: »hört auf zu streiten, Götter streiten nicht«. Ich war betroffen und ahnte, dass er damit seine Eltern meinte, die in ständiger Auseinandersetzung waren. Beide waren ausgeprägte Persönlichkeiten und hatten das Bedürfnis, je stärker als der Partner zu sein. Nach einigem Zögern erzählte ich dem Jungen verkürzt die Geschichte eines Wettstreits zwischen Odin und Thor. Dabei schien mir wichtig, dass es ein Rivalitätskampf zwischen zwei männlichen Gottheiten war, um nicht zu direkt das Problem der Kampfehe seiner Eltern in den Fokus zu rücken. Er kommentierte die kurze Erzählung mit den Worten »und ich dachte, die Götter wären nur gut und würden nur freundlich miteinander umgehen«. Ich gab zurück: »Götter und Menschen, Eltern und Kinder haben helle und dunkle Seiten«. Er antwortete: »Dann kann ich mich ja auch mit meinen Schwestern streiten und brauche kein schlechtes Gewissen haben.« Darauf ich: »Und manchmal tut es richtig gut, sich zu streiten.« Er nickte erleichtert.

2.4.2 Der Mythos der Weltesche Yggdrasil

Einen zentralen Raum nimmt in der germanischen Mythologie die Weltesche Yggdrasil ein. Sie ist als Ausdruck und Symbol für das Leben zu verstehen und vereinigt in sich die ganze Polarität menschlichen Seins:

Zum einen symbolisiert sie einen Ort angestrebter Gerechtigkeit. Die Götter sitzen unter ihren Zweigen und sprechen Recht. Es gibt drei Wurzeln, die unterschiedlich aufgeteilt sind. Die eine ist den Menschen und ihrem Schicksal zugeordnet. Hier sitzen die drei Nornen Urd, Verdandi und Sculd, die Vergangenheit, Gegenwart und Zukunft symbolisieren. Sie spinnen, ähnlich den Moiren in der Antike, den Lebensfaden. Urd beginnt ihn, Verdandi spinnt ihn und Sculd schneidet ihn ab. Die Schicksalsgöttinnen weisen damit auf das Gesetz von Geburt, Leben und Ende hin. Unter der zweiten Wurzel befindet sich der Mimirbrunnen. Er ist dem Wasserriesen Mimir zugeordnet, der »alles weiß«. Ihm verdankt Odin sein Wissen über den Untergang als ein Geheimnis des Lebens. Unter der dritten Wurzel befinden sich wiederum drei Brunnen aus dem die Weltströme fließen, gleichzeitig liegt hier der Ursprung der Weltesche.

2 Die Mythen der Welt

Schließlich sitzt in der Tiefe der Drache Nidhögg. Er verkörpert den dunklen Aspekt und ist in dieser Abgespaltenheit eine ständige Bedrohung. Im Wipfel der Esche thront ein Adler, auf dessen Stirn ein Falke sitzt. In beiden Tieren symbolisiert sich das Helle des Lebens. Der Drache steht im Symbolverständnis der Jung'schen Psychologie für den Archetyp des Weiblichen in seiner bedrohlichen Ausformung. Adler und Falke sind dagegen männliche Symboltiere in ihrer Fähigkeit zu äußerem und innerem Weitblick, aber auch in ihrer tödlichen Bedrohung. Beide Bereiche sind jedoch streng voneinander getrennt. Für eine problematische Verbindung, die Zwietracht sät, sorgt das Eichhörnchen Ratatorsch. Es läuft den Stamm der Esche herauf und hinunter und vermittelt intrigant negative Botschaften.

Zusätzlich ist das lebendige Leben der Esche gefährdet, denn vier Hirsche nagen ständig an den Zweigen.

Die mythische Esche Yggdrasil, gleichzeitig ein Baum, der über ein sehr hartes und gleichzeitig sehr elastisches Holz verfügt, könnte stellvertretend für das menschliche Leben stehen in seinen hellen und dunklen Seiten. Sie macht die Polarität menschlichen Empfindens sichtbar und vermittelt archetypische Botschaften: In der Tiefe, unter den Wurzeln haust sowohl der negative Aspekt menschlich-mütterlichen Seins, der Drache. Gleichzeitig findet sich hier der Hort weisheitsvoller Erkenntnis in Gestalt des Mimir und seines Wassers, in dem sich die Zukunft spiegelt. Das Wasser der drei Brunnen, die die Flüsse der Welt speisen, könnte Ausdruck des Lebensflusses sein: Panta rei – alles fließt sagten die Griechen und meinten damit die Unwiederbringlichkeit der Zeit. Gegenwartsmomente sind kurz, kaum dass sie ins Bewusstsein treten, sind sie schon wieder Vergangenheit (Safranski 2015). Der Adler auf der Spitze der Esche, unterstützt vom Falken mit dem sprichwörtlichen scharfen Blick, dürfte die Notwendigkeit von Erkenntnis unterstreichen. Es gibt jedoch weder ein ausschließlich Böses noch Gutes, dafür sorgt das emsige Eichhörnchen, denn es vermittelt und intrigiert zwischen beiden Polen.

> *Dieser Aspekt half einer Elfjährigen zu einer bewussteren Auseinandersetzung: Ihre Eltern waren geschieden und sie nutzte die von vielen ungelösten Konflikten nach wie vor belastete Ehesituation der*

Eltern, indem sie Entwertungen, Unterstellungen, Vorwürfe von einem zum anderen trug. Unterstützt wurde dieses Tun durch ein Wechselmodell der Aufenthaltsbestimmung: Das Mädchen wohnte abwechselnd eine Woche beim Vater, eine Woche bei der Mutter.
»Ich habe schon manchmal ein schlechtes Gewissen, aber meine Geschichten helfen mir, mich mal beim Papa, mal bei der Mama wohl zu fühlen, denn die sind immer besonders nett, wenn ich was Schlechtes vom anderen erzähle.«

2.4.3 Der Nibelungenmythos

Brünhild war eine Tochter Wotans, der mit Odin gleichzusetzen ist. Als Walküre musste sie den Ratschluss des obersten Gottes ausführen und sich im Kampf an die Seite der jungen Helden stellen, und sie damit dem Tod überantworten. Wotan wollte möglichst viele junge Krieger in Wallhall, der Stätte der toten Helden, wissen, um im Endkampf mit den Riesen gewappnet zu sein und so den drohenden Untergang zu verhindern. Brünhild widersetzte sich dem Befehl Wotans, gesellte sich einem alten Krieger zu, der daraufhin fiel. Wotan verurteilte seine Tochter dazu, zur Strafe als Sterbliche alle Leiden des Lebens und Liebens ertragen zu müssen. Außerdem verbannte er sie hinter der Waberlohe, einem Feuerkranz, den nur ein Mutiger durchreiten konnte und stach sie mit dem Schlafdorn. Siegfried, der mythische Lichtheld erweckte sie und verband sich mit ihr. Brünhild, mutig und wehrhaft, war eine starke Frau, eine typische »Vatertochter«. Im Mythos ist keine Mutter überliefert.

Auf der anderen Seite wird uns von Kriemhild berichtet, die von ihrer Mutter Ute aufgezogen wurde. Hier fehlt der Vater. Siegfried hatte sich zwar mit Brünhild verbunden und ihr ewige Treue geschworen, verliebte sich aber dann in die sanfte »Muttertochter« Kriemhild. Um sie zu gewinnen, half er ihrem Bruder Gunther mit Hilfe einer Tarnkappe, die stolze Brünhild zu bezwingen. Die beiden Frauen trafen sich beim Kirchgang und keine will der anderen den Vortritt lassen. Noch symbolischer ist eine andere Version (Völsungensaga), in der sie sich um einen Platz am Fluss, in dem sie ihre Haare waschen wollen, streiten. Keine will sich unterordnen und in dem Wasser der anderen die Haare waschen. Es kommt infolge der massiven Auseinandersetzung zur Aufklärung des Betruges. Brünhild erfährt, dass Gunther sie nicht wirklich besiegt hat und Siegfried sein Treuegelöbnis ihr gegenüber gebrochen hat. Im Rivalitätskampf scheint zunächst Kriemhild zu triumphieren. Brünhild nimmt jedoch furchtbar Rache und lässt Siegfried durch Hagen erschlagen. Ihre Liebe zu Siegfried überdauert jedoch seinen Tod. Sie springt in den brennenden Scheiterhaufen Siegfrieds und ist so wenigstens im Sterben wieder mit ihm vereint.

Kriemhild, die ihren Wert vor allem über den Ruhm ihres Mannes definierte, scheint sich über Jahre selbst zu verlieren. Sie sinnt jedoch auf eine mörderische Rache, die sie als Gemahlin von Attila, dem Hunnenkönig, vollzieht. Alle Nibelungen, auch ihre drei Brüder, Gunter, Gernot und Giselher, werden dieser Rache geopfert. Dietrich von Bern tötet sie schließlich mit den Worten »dich hat die Rache zur Teufelin gemacht.«

Zwei Aspekte scheinen mir in diesem Mythos wichtig und für unsere praktische therapeutische Arbeit hilfreich:

Zum einen wird deutlich auf die Gefahr der Einseitigkeit hingewiesen, die sich häufig erst in späteren Jahren negativ auswirkt: Eine Vatertochter, wie Brünhild, identifiziert sich vor allem mit Mut, Kraft und Ausdauer. Das Moment der Hingabe liegt ihr ferner. Einfühlung in die Position des anderen fällt ihr schwerer. Selbstbehauptung, Selbstdurchsetzung und der Anspruch zu dominieren haben Priorität.

Eine Muttertochter hingegen neigt eher dazu, offene Konflikte zu vermeiden, sich anzupassen und auf Selbstprofilierung zu verzichten. Die jeweils andere Seite ist natürlich genauso angelegt, führt aber meistens ein Schattendasein.

Das ist im Vergleich von Brünhild und Kriemhild sehr einleuchtend. Hingabe bedeutet für sie, im Tode mit dem Geliebten zu verschmelzen und ihn dadurch endgültig zu besitzen. Im Augenblick der Verzweiflung, als Macht sich in Ohnmacht verkehrt, ist nur noch der selbstgewählte Tod eine letzte Möglichkeit, Autonomie zu beweisen.

Kriemhild ist als Muttertochter liebenswert und angepasst. Sie anerkennt den heldenhaften Mann als überlegen und identifiziert sich mit seiner Stärke. Damit unterstützt sie dessen Bereitschaft zur Selbstüberschätzung. Im Augenblick des Verlustes bricht die unbewusste und unentwickelte Stärke durch, nicht als autonome Kraft, sondern als rachsüchtige Reaktion, die nicht von einem reifen Ich gestützt ist. In dieser Durchbruchsreaktion werden alle Gefühle der Hingabe wie weggeschwemmt. Das Ende ist Vernichtung und in letzter Konsequenz Selbstvernichtung.

Ein wichtiges Moment in der therapeutischen Arbeit ist die ständige Bereitschaft zur Selbstreflexion. Das eigene Gewordensein, eigene Prägungen und die aktuelle Lebenssituation bergen immer die Gefahr in sich, eigene Probleme am Patienten abzuhandeln. Aus dieser Perspektive ist es für weibliche Therapeuten sicher bedeutsam, ob sie ausgeglichene Erfahrungen hinsichtlich beider Eltern haben oder ob sie eine Vater- oder Muttertochter sind. Die Identifikation mit Vater oder Mutter bestimmt ganz entscheidend, wie der Zugang zu männlichen und weiblichen Therapiekindern und -jugendlichen ist. Hierzu gehört, in welcher Form man tolerant und wertschätzend mit Bindungswünschen umgeht, ohne die Patienten zu Stellvertretern eigener Bedürfnisse zu machen.

Ein zweiter Aspekt, im Mythos ein konflikthaftes Thema, kann auch in der therapeutischen Situation von Bedeutung sein. Es geht im besonderen Fall um ein Thema weiblicher Therapeuten. Nicht selten konstelliert sich zwischen der Mutter eines Behandlungskindes und jener unterschwellige Rivalität. Es ist nicht schwierig, sich als »bessere Mutter« zu profilieren, wenn die therapeutische Haltung ausschließlich unter dem Aspekt gewährender Wunscherfüllung verstanden wird. Therapeutische Arbeit bedeutet immer die bewusste Berücksichtigung der Übertragung. Das Kind soll die Möglichkeit haben, auf die Therapeutin seine negativen Erfahrungen zu projizieren. Sie muss diese Projektion annehmen und in der Bearbeitung dem Kind verständlich machen. Wir sind nicht aufgerufen, die bessere Mutter zu sein, sondern die Mangelsituation bewusst zu machen und in der Neuerfahrung einer Halt gebenden Beziehung den Aufbau von Selbstwertgefühl und Ich-Integrität zu ermöglichen. In der Elternarbeit ist es in diesem Zusammenhang wichtig, auf die Verführung, sich auch als bessere Frau zu profilieren, zu verzichten. In unserer therapeutischen Rolle, Verständnis für individuelle Schattenseiten zu haben, erscheinen wir häufig als besseres Objekt.

»Die Väter meiner Behandlungskinder sind alle in mich verliebt«, berichtete mir einmal eine Kollegin in der Supervision. Das ist eine Illusion, die von einer idealisierenden Übertragung der Väter herzuleiten ist. Dass sie im Eingehen auf diese Übertragung ein Rivalitätsproblem mit der Ehefrau inszenierte, wurde ihr in der Supervision klar. Es wurde darüber hinaus verständlich, warum die Mutter scheinbar aus äußeren Gründen drohte, die Therapie abzubrechen. Eifersucht und Rivalität sind archetypische Themen und können sich in Behandlungssituationen sehr schnell in den Mittelpunkt drängen. Heizt man ein solches Thema dadurch an, dass man unreflektiert die durch die therapeutische Situation evozierten Gefühle für die Realität nimmt, scheitert jede verantwortungsvolle analytische Arbeit.

2.4.4 Die Völsungensaga

Dieser archaische Stoff umkreist ebenfalls den Mythos um Siegfried, nur heißt er hier Sigurd. Es gibt ein paar Details, die sich vom Nibelungenmythos unterscheiden, der Hintergrund bleibt jedoch gleich. Das zentrale Thema der Vorgeschichte ist die Gier nach Gold.

Das Gold des Zwerges Andwari

Odin, Loki und Höning zwingen den Zwerg Andwari, stellvertretend für ihre Schuld einen Fischotter mit Gold zu füllen. Der Zwerg gehorcht, versucht aber einen Ring, der ihm immer wieder Gold verschafft hatte, vor den Göttern zu verstecken. Diese entdecken die Heimlichkeit und zwingen den Zwerg zur Herausgabe, worauf dieser den Ring und jeden der ihn besitzen würde, verflucht. Der Bauer Hreidmar übernimmt den Schatz. An ihm vollzieht sich zum ersten Mal der Fluch. Die Söhne Fafnir und Regin, besessen von der Gier nach dem Besitz, ermorden gemeinsam ihren Vater. In der Auseinandersetzung um den Schatz verwandelt sich Fafnir in einen Drachen und bewacht das Gold in einer Höhle.

Sigurd kommt zum Schmied Regin in die Lehre. Dieser will ihn für die Rache an seinem Bruder Fafir missbrauchen und schmiedet ihm ein scharfes Schwert. Damit tötet Sigurd den Drachen und wird Besitzer des Schatzes. Er badet im Blut des Drachen und isst dessen Herz. Dadurch wird er unverwundbar bis auf eine Stelle zwischen den Schulterblättern auf die ein Lindenblatt fiel. Indem er jetzt die Sprache der Tiere versteht, erfährt er über Meisen von der Falschheit Regins, der ihn töten will, um seinerseits den Goldschatz zu gewinnen. Sigurd kommt ihm zuvor und erschlägt ihn.

Wie ist diese blutrünstige Geschichte zu interpretieren und in welcher Weise kann dieser Mythos in der Therapie hilfreich sein?

Der Beginn ist ein Unrecht der Götter, die ihre Macht ausnützen, um eine Schuld wiedergutzumachen. Dann spielen Maßlosigkeit und Unersättlichkeit eine Rolle, die vor Mord nicht zurückschrecken, um diese Gier zu befriedigen. Könnte das bedeuten, dass Habgier als Sucht zu interpretieren ist? Die Sucht wiederum beherrscht offensichtlich in so dominanter Weise, dass jegliches Mitgefühl erstickt wird. Jedes Mittel ist recht, um die Hab-Sucht zu befriedigen. Der verfluchte Ring, der Ausdruck der Maßlosigkeit ist, bedeutet den jeweiligen Untergang. Bezeichnend ist, dass Fafir sich in einen Drachen verwandelt und in einer Höhle seinen Schatz bewacht. In der Symbolsprache der Jung'schen Psychologie steht der Drache für den negativen Mutterarchetyp. Unterstrichen wird dieser Aspekt durch den Aufenthalt in der Höhle. Es geht also ins Innere der Mutter Erde, gleichzeitig aber auch in das Reich des Dunklen, Unbewussten. Sucht schließt in sich die Gefahr, vom Dunkel der eigenen Triebhaftigkeit verschlungen zu werden. Der Lichtheld Sigurd tötet zwar den Drachen. Das bedeutet, dass er sich mit seinem Mutterthema auseinandersetzt. Indem er das Gold ans Tageslicht holt, ist zu vermuten, dass er sich bewusster mit seinen Schattenaspekten auseinandersetzt. Er erliegt jedoch ganz offensichtlich der Verführung zum suchtgesteuerten Besitz und tötet Regin. Die Fortsetzung der Geschichte ist in der Parallele zum Nibelungenmythos Betrug, gewaltsamer Tod und allgemeiner Untergang.

In wie starkem Maße Besitz ein fadenscheiniges Selbstvertrauen vordergründig stabilisiert, zeigte mir der Ausspruch eines elfjährigen

Patienten aus außerordentlich vermögenden Verhältnissen: Mit der Miene einer gewissen Geringschätzung musterte er die Behandlungsräume und meinte dann: »*Na ja, für mich bedeuten 10 Euro so viel, wie für sie ein Cent.*« *In meiner Gegenübertragung breitete sich zunächst ein Gefühl von Minderwertigkeit aus, das sich noch verstärkte, als sich der Vater im Erstgespräch umschaute und meinte:* »*nett haben sie es hier*«. *Man spürte, dass er sich eine noble Praxis in Chrom, Glas und Leder vorgestellt hatte. Sowohl in der Behandlung des Jungen, als auch im Elterngespräch wurde immer deutlicher ein umfassenderes Leiden an unterschiedlichen Suchtaspekten. So war der Vater arbeits- und erfolgssüchtig, die Mutter kaufsüchtig und der Sohn smartphone-süchtig. Dahinter stand spürbar die Sehnsucht nach erfüllendem Gehalt. Es gab zwischen den Eheleuten wenig Gemeinsamkeit, schon aus Mangel an Zeit seitens des Ehemanns. Der Junge bekam zwar ein viel zu großes Taschengeld, aber wenig Zeit. Die Mutter war überwiegend in der Stadt, um ihr Bedürfnis nach Zuwendung über den Kauf von Kleidung zu befriedigen, die häufig ungetragen im second hand shop landete. Die Sehnsucht nach einem liebevollen, einfacheren Leben stand zunehmend im Mittelpunkt und ermöglichte auch von meiner Seite mehr Vertrauen und Offenheit. Für mich war der Völsungenmythos eine große Hilfe, um an der Schattenthematik des Jungen zu arbeiten und seine von der Umwelt beklagte anmaßende, zeitweilig destruktive Aggression zu bearbeiten, ohne ihn innerlich zu verurteilen. Entscheidend war, dass er in mir einen Drachen sah und ihn verbal bekämpfte. Der Höhepunkt seines Drachenkampfes war, dass er mich als feuerspeienden Drachen malte. Er selbst zeichnete sich als kleinen Ritter, der sein Schwert in den Drachenrachen rammte.* »*Jetzt sind sie für alle Zeiten tot*« – »*als Drache*« *fügte er hinzu.* »*Und von jetzt an machen wir ein anderes Spiel.*«

2.4.5 Der Mythos um Beowulf

Ein weiterer Mythos aus dem nordischen Sagenreich rankt sich um die Gestalt des Beowulf. Auch hier geht es letztlich wieder um eine Auseinandersetzung mit archaischen Triebkräften. Im Vordergrund steht Grendel, ein Ungeheuer, gegen das mit dem Schwert nichts auszurichten ist. Beowulf reißt ihm den Arm aus, der mit eisernen Krallen ausgestattet ist. Als weiteren Kampf muss er sich der Mutter Grendels, einer Riesin, die mit ihrem Sohn auf dem Meeresgrund lebt, stellen. Auch sie kann er bezwingen und zudem schlägt er Grendel, der schwer verletzt auf einer Bank liegt, den Kopf ab.

Nun ist er der gute Beowulf, der später König wird und sein Reich gerecht und liebevoll regiert. Als er alt und grau ist, wird das Land von einem Feuerdrachen verheert. Beowulf kämpft gegen ihn und wird dabei nur von einem getreuen Freund, Wiglauf, unterstützt. Alle anderen Genossen lassen ihn im Stich. Vereint töten sie das Untier, Beowulf wird jedoch in den Hals gebissen und stirbt. In seiner berührenden Totenklage beschreibt er, dass er 50 Jahre Gutes getan hat. Zwar habe er keinen Sohn gezeugt, jedoch Streit vermieden, keine Meineide geleistet, keinen Mord an Blutsfreunden begangen und doch sei er von der Welt verlassen.

Dies mythische Schicksal zeigt, dass Gutes tun seinen Lohn in sich finden muss, vielleicht aber auch, dass ein Vermeiden von Aggression nicht zwangsläufig Freunde macht. In der Auseinandersetzung mit dem Mythos wurde mir bewusst, dass unser therapeutisches Tun kein Recht darauf hat, Dankbarkeit zu erwarten. Der Dank liegt in der Offenheit und im Vertrauen, auch Negatives auszusprechen.

Eine Gruppe Zwölfjähriger machte sich Gedanken über mein Alter. Sie fanden es »abartig«, dass ich immer noch lebte. »Sie gehören längst unter die Erde,« so ihr übereinstimmendes Urteil. Dann begannen sie das Erbe aufzuteilen. Die Spiele sollten auf dem Flohmarkt verschachert werden, das Haus abgerissen, das Grundstück in der Halbhöhenlage Stuttgarts, aus ihrer Sicht von beachtlichem Wert, würde an einen »Immobilienhai« verkauft. Als ich vorsichtig anmerkte, dass vielleicht auch noch andere am Erbe Interesse haben könnten, antwortete einer mit der Zustimmung aller »aber wir bekommen doch ganz klar alles, wo wir doch ihre liebste Gruppe sind«.

Der Kampf gegen den Feuerdrachen, muss in der Therapie Realität werden. Es ist gerade für Jungen von existenzieller Bedeutung, sich dafür zur Verfügung zu stellen. Mit dem symbolischen Mord kann echte Bezogenheit wahrgenommen und auch verbalisiert werden. Das ist Geschenk genug.

Zusammenfassung

Die Götter der Germanen sind nicht eindeutig positiv oder negativ. Ihre dunklen Seiten werden vor allem an ihrem obersten Gott Odin sichtbar. Er schließt zunächst Blutsbrüderschaft mit Loki, der von den feindlichen Riesen abstammt. Eine mögliche Bereitschaft dafür, negative Persönlichkeitsanteile, die durch die Riesen verkörpert werden, zu integrieren. In der Folge werden diese dunklen Aspekte zunehmend an Loki delegiert. Mit seinen kreativen Einfällen, seiner List war er den Göttern zwar sehr nützlich. Zunehmend wurde er jedoch zum Vertreter des Bösen. Dieser Aspekt offenbart sich in seinen Kindern, dem Fenrichswolf, der Midgard-Schlange und Hel, die die Unterwelt beherrscht. Loki selbst führt den Untergang des Göttergeschlechtes indirekt herbei, indem er den Mistelzweig, den der blinde Gott Hödur abschießt, zum tödlichen Geschoß für Baldur, den Lichthelden, macht.

Neben den sehr menschlichen Eigenschaften der Götter, die in schwankähnlichen Geschichten zum Ausdruck kommen, wird jedoch auch die Bedeutung von Weisheit und Erkenntnis in den Mittelpunkt gerückt: Sein umfassendes Wissen über die Realitäten der Welt gewinnt Odin über die beiden Raben Hugin und Munin, die auf seinen Schultern sitzen und alles, was sie wahrnehmen, mitteilen.

Odin opfert an Mimirs Brunnen ein Auge, um das Geheimnis von Leben und Tod zu erkennen. Er weiß darum auch, dass der

Untergang der Götter nicht aufzuhalten ist, behält jedoch dieses Wissen in innerer Größe für sich. Ragnarök, der Weltuntergang, bedeutet jedoch nicht das absolute Ende, sondern es entsteht wieder neues Leben in Gestalt eines neuen Menschenpaares. Diese archetypische Botschaft erlaubt Hoffnung und Zuversicht, auch in den aktuellen Krisen des Lebens.

Die germanischen Mythen stellen das Weibliche dem Männlichen gleichwertig zur Seite. Die Sonne als Symbol von Klarheit und Erkenntnis wird über Freya dem Weiblichen zugeordnet. Die Mythen erzählen in der Beziehung der Götter untereinander von heiteren und düsteren Vorkommnissen, die in ihrer Vielschichtigkeit einen archetypischen Hintergrund haben. Hierbei werden Gefühle auf vielen unterschiedlichen Ebenen angesprochen. Es geht zumeist um Schattenaspekte, um Eifersucht, Neid und Rivalität, um destruktive Gewalt und listiges Tricksen. Aber auch Witz und Humor werden erlebbar und entspannen problematische Situationen.

Neben der Interaktion der Götter untereinander finden ebenso unterschiedlich zu bewertende Heldenkämpfe statt. Auch Drachenkämpfe spielen eine wichtige Rolle. Sie symbolisieren die Auseinandersetzung mit dem Mutterthema in seiner positiv-bergenden aber auch destruktiv-vernichtenden Qualität. Die Mythen eignen sich in besonderer Weise für Kinder, weil sie in ihnen ihre eigene Wirklichkeit in der Polarität von Beziehungsbedürfnis und Bindungsgefahr, von Liebe und Hass, Rivalität und Verbundenheit erkennen. Besondere Bedeutung hat die Erfahrung des Tricksters, wie sie durch Loki repräsentiert wird. Es ist eine Position, mit der Herausforderung eine Gratwanderung zu wagen, die vor allem den Pubertierenden in ihren Ambivalenzkonflikten entspricht. Über die Weltesche Yggdrasil kann die Komplexität der Gegensatzthematik des Lebens anschaulich werden. Gerade Scheidungskinder erleben im Spiegel die Verführung zur Macht der Intrige. Am Beispiel des Nibelungenmythos wird aufgezeigt, wie sehr eine einseitige Erziehung die Gefahr in sich schließt, zum Opfer der unentwickelten Gegenposition zu werden. Auch die Völsungensaga kreist um die gleiche Thematik. Die Jagd nach Gold und die mörderischen Folgen offenbaren die Gefahren eines suchtgesteuerten Empfindens. Beowulf schließlich demonstriert mit seinem bezogenen und liebevollen Helden- und Königtum, dass der Lohn eines hohen Engagements für das Gute seinen Dank in sich selbst finden muss. Am Beispiel der germanischen Mythen wird erahnbar, dass das Ziel des Lebens die Vereinigung der Gegensätze (conjunctio) ist. Dies geschieht sowohl auf der Objektebene in der Beziehung zur Welt als auch auf der Subjektebene als Integration des Schattens.

Literatur zur vertiefenden Lektüre

Die Edda (2011). Wiesbaden: Marix.
Gering, H. (2015). *Die Edda. Die Lieder der sogenannten älteren Edda.* Paderborn: Salzwasser.
Hansen, W. (1988). *Die Spur der Helden, die Gestalten des Nibelungenliedes in Sage und Geschichte.* Bergisch Gladbach: Lübbe.
Koch, M. & Heusler, A. (1900). *Götter und Helden der Germanen, die Heldensagen der Germanen* (Reprint des Originals). Leipzig: Reprint.
Kratzer, H. (2011). *Die Nibelungen.* Wien: Carl Überreuter.
Lindholm, D. (1981). *Götterschicksal, Menschenwerden* (4. Auflage). Stuttgart: Freies Geistesleben.
Oberste, J. (2008). *Der Schatz der Nibelungen, Mythos und Geschichte.* Bergisch Gladbach: Lübbe.
Sattler, J. (2012). *Die Nibelungen* (Reprint nach der Originalausgabe 1898–1904). Leipzig: Reprint.

Weiterführende Fragen

- Kinder und Jugendliche lernen in den germanischen Mythen die Akzeptanz des Todes, nicht in seiner bedrückenden Endlichkeit, sondern als Gesetz des Lebens kennen, das auf neuer Ebene eine Fortsetzung erfahren kann. Ist die Tragik des Weltuntergangs, der die allmächtigen Götter einschließt, beunruhigend, oder erlaubt sie auch eine positive Interpretation?
- Kinder und Jugendliche machen sich über die germanischen Mythen mit der eigenen Trickster-Identität vertraut. Hierzu gehört Witz, Kreativität, Einfallsreichtum und Humor, der in den Mythen oft

drastisch zum Ausdruck kommt. Ist dieser Weg der Identifikation hilfreich, um enge Grenzen zu überschreiten oder sanktioniert diese Seite zunehmend rücksichtslose Willkür?
- Inwieweit können die Mythen auch missbraucht werden und einen Freibrief für rücksichtslose und destruktive Aggression sein?
- Warum müssen Mythen nicht wortwörtlich übersetzt, sondern immer symbolisch verstanden werden. Sind sie als Ausdruck urmenschlicher Themen zu verstehen, die in ihrem positiven und negativen Gehalt für alle Menschen verbindlich sind? Ist es möglich, dies an einem Mythos exemplarisch zu verdeutlichen?

3 Die Bedeutung der Märchen in der psychodynamischen Psychotherapie von Kindern und Jugendlichen

Märchen scheinen allem technischen Fortschritt zum Trotz auch im Zeitalter der digitalen Kommunikation auf ungebrochenes Interesse zu stoßen. Märchen der Völker in ihrer individuellen, von einer speziellen Kultur geprägten Sprache vermitteln Botschaften, die aus einem kollektiven Gedächtnis menschlicher Urerfahrungen stammen. So ist die Handschrift zwar unterschiedlich, der Gehalt bleibt allgemein verbindlich. Damit mag zusammenhängen, dass es ebenso Befürworter der Märchenbotschaft gibt wie solche, die sie als »Ammenmärchen« abtun. Die gelegentlich verschlüsselte Sprache zu verstehen und den zeitlosen Gehalt auf unser heutiges Verständnis zu übertragen, hat viele Analytiker vor allem Jung'scher Prägung fasziniert. Jede Interpretation betont andere Märchenfacetten, die archetypische Symbolik, die ein vertieftes Verständnis erlaubt, bleibt jedoch immer ähnlich.

3.1 Märchen und Märchenforschung

In der Romantik besannen sich viele Dichter wieder auf die Wertschätzung des einfachen, natürlichen Lebens. Es war, als ob man sich vom hohen Anspruch der Klassik erholen und vermehrt auf Natürlichkeit setzen wollte. Liedsammlungen im Volkston (des Knaben Wunderhorn) und Märchen standen plötzlich im Mittelpunkt des forschenden Interesses. Man wollte dem »Menschen aufs Maul schauen«, so ein bekannter Ausspruch von Martin Luther in seinem Sendbrief vom Dolmetschen.

Im Märchen finden sich nach Jakob Grimm Züge einer »grauesten Vorzeit«. Dass sie in bildhafter Form Geschichten mit tiefem Gehalt beschreiben, anerkennt Wilhelm Grimm, wenn er sagt, dass Märchen »spiegelnde Reflexbilder der menschlichen Seele« sind.

Oft wird Luther zitiert, der gesagt haben soll: »Ich möchte mich der wundersamen Historien, so ich aus zarter Kindheit herüber genommen, oder wie sie mir auch vorkommen sind in meinem Leben, nicht entschlagen, um kein Gold« (Rölleke 2003, S. 305).

Bruno Bettelheim schließlich weist in jüngerer Zeit auf die Bedeutung der Märchen eindrücklich hin:

> »… dass das Verständnis für die einzigartigen Vorzüge der Märchen Eltern und Lehrer anregen wird, ihnen wieder die zentrale Rolle im Leben des Kindes einzuräumen, die sie jahrhundertelang innehatten.« (Bettelheim 1977, S. 12)

Einen zentralen Platz in den Märchensammlungen der Welt nehmen die der Brüder Jakob und Wilhelm Grimm ein. Ursprünglich waren beide hochgebildete Juristen, bevor sie sich dem überlieferten Volksgut zuwandten. Angeregt durch Herder und Brentano sammelten sie die vielfarbigen Erzählungen. Im Laufe immer neuer Ausgaben wurde manches vor allem durch Wilhelm Grimm bearbeitet, geglättet und dem Zeitgeist entsprechend geschönt. Dies zeigt sich deutlich, wenn man die Urfassungen von 1810 bis 1814 mit der Ausgabe von 1874 vergleicht, die uns am vertrautesten ist. Als zentrale »Märchenlieferantin« bezeichneten die Brüder die »Viehmännin«, eine angeblich arme Alte, die jedoch in Wirklichkeit eine einst gut situierte Wirtin war. Von ihr stammt neben vielen anderen das originelle Märchen von der »klugen Bauerntochter«. Daneben gab es aber noch eine Anzahl weiterer Erzähler und Erzählerinnen, zum Beispiel Marie Hassenpflug, die das Märchen von »Brüderchen und Schwesterchen« weitergab (erzählt am 10. März 1811). Henriette Dorothea Wild steuerte mit den zwei Märchen »Allerleirauh« und die »drei Männlein im Walde« wichtige archaische Beispiele zum Thema Vater-Tochter- und Mutter-Tochter-Beziehung bei (Rölleke & Schindehütte 2011)

Überall auf der Welt gibt es Märchen. In immer neuen Varianten werden dabei Grundthemen des menschlichen Erlebens und Zusammenlebens in bildhafter Form dargestellt. Hierzu gehören positive Geschichten von Glück und Erfolg genauso, wie negative Erfahrungen von Unheil und Gefahr. Entscheidend ist jedoch, dass letztlich alle Gefahren zu bewältigen sind und das Ende immer ein glückliches ist. Das bedeutet jedoch nicht, dass das Ziel immer Besitz und Glanz ist, sondern, dass auch Bescheidung oder gar Verlust ein großes Glücksgefühl auslösen kann wie zum Beispiel im Märchen von »Hans im Glück«. Es ist eine Wunderwelt, die den Kindern erlaubt, eine schwierige Alltagssituation auszublenden, subjektive Ohnmacht mit der Fantasie von Allmacht zu kompensieren oder auf der anderen Seite die Geborgenheit in der Wirklichkeit angesichts einer »Als-ob«-Realität zu genießen.

Einmal erzählte mir ein kleines Mädchen, sie kenne jetzt ganz viele Märchen, sie würde sich immer, wenn sie allein sei, die CDs anhören. Aber gelegentlich würde ihr auch die Oma Märchen erzählen. Auf meine Frage, ob sie die Erzählungen noch brauche, wo sie doch alles von der Schallplatte kennen würde, antwortete sie »aber die Schallplatte hat doch keinen Schoß.«

Hieran wird deutlich, wie sehr der Umgang mit Märchen immer auch die bezogene Begleitung durch den Erwachsenen braucht. Erst dann kann man sich der geschilderten Dramatik ausliefern. Hilfreich ist es dabei zu wissen, dass es immer möglich ist, einzuhalten, mit den erzählenden oder vorlesenden Erwachsenen die Gefühle von Angst, Aufregung und Freude zu reflektieren, um dadurch wieder eine Distanz herzustellen, die Angstfreiheit erlaubt. So sagte mir ein Sechsjähriger, als er von Hänsel und Gretel erzählte, »aber gell, das ist nur ein Märchen und es wird alles wieder gut.«

3.2 Märchen und Kinder

Karl und Charlotte Bühler prägten den Begriff des Märchenalters. Kinder zwischen vier und acht Jahren befinden sich in der so genannten magischen Phase. Für sie sind die Märchen leibhaftige Wirklichkeit. Sie entsprechen ihrer Wahrnehmung, dass alle Objekte belebt sind und Geister und Zauberer, Nixen und Elfen, sprechende Tiere und zauberkundige Frauen und Männer tatsächlich existieren. So können Märchen ihre Weltsicht bestätigen und damit Sicherheit und Orientierung geben. Hinzu kommt, dass in einfachen Schwarz-weiß-Kategorien gefühlt und gedacht wird. Damit ist die Welt in Gut und Böse unterteilbar mit der beruhigenden Gewissheit, dass das Gute immer siegt. Die Unbestimmtheit des Ortes und die Zeitlosigkeit des Geschehens erlaubt gleichermaßen Nähe und Distanz, Identifikation und Abgrenzung, was autonome und kritische Weltbetrachtung anregt. Neugier und die Lust auf Abenteuer wird geweckt und damit eine progressive Entwicklungsdynamik angeregt.

Märchen zeichnen sich durch sprunghaftes Geschehen aus. Sie sind, ähnlich wie Mythen, nirgendwo und überall beheimatet. »Es war einmal« ... ist nicht umsonst der beliebte Beginn wunderbarer Geschichten, die die Kinder in eine andere Welt mitnehmen.

Der Gehalt an Wunder- und Heldentaten ist Quelle heimlich genährter Wünsche und Hoffnungen und erleichtert die Akzeptanz der Realität, nämlich klein und abhängig zu sein. Zumindest im Märchenland ist das Kind allmächtig und groß!

Das gute Ende verknüpft sich mit der zumeist positiven Grundstimmung eines Kindes und bestätigt seinen in diesem Alter schon ausgeprägten Gerechtigkeitssinn. Hinzu kommt die Mischung von bekannten und unbekannten Situationen, von bewusstem und unbewusstem Gefühltem, was ein hohes Maß an Spannung in sich schließt und Konzentration herausfordert.

In den 1968er Jahren wurden im Rahmen einer so verstandenen kindorientierten Haltung die Märchen von den grausamen Zügen »gereinigt«. Der Erfolg war, dass die Kinder diese Märchen nicht hören wollten. Ganz offensichtlich fehlte ihnen der innere Sinn. Märchen sind verschlüsselte Abbilder der Realität. Nicht die Hexe, die im Märchen die Kinder auffressen will, ist bedrohlich, sondern die Realität einer Mutter, die ihre Kinder »zum Fressen gern hat«. Diese Mütter verhindern Autonomie, in dem sie ihre Hänsel in den Käfig der Abhängigkeit sperren und alles für ihre Kinder tun und damit die

Entwicklung von Frustrationstoleranz verhindern und sie letztlich lebensuntüchtig machen. Diese Gefahr ist tatsächlich so bedrohlich, dass solche Kinder Angst vor einer Hexe haben und nicht schlafen können. Immer wieder wurde darum den Märchenfreunden vorgeworfen, dass die sprichwörtliche Grausamkeit Kinder in ihrem Erleben verstören könne.

»*Meine Mutter hat aufgehört, mir in der Kindheit Märchen vorzulesen, weil sie glaubte, dass meine Ängste Folge der Grausamkeit im Märchen seien. Aber meine Selbstunsicherheit, meine Verlassenheitsängste und Einschlafschwierigkeiten sind danach nicht verschwunden, sondern haben sich eher verstärkt. Wenn ich heute darüber nachdenke, fand ich es eher tröstlich, dass auch im Märchen diese Gefühle thematisiert wurden. Ich hatte so Angst, nicht wie die anderen zu sein, und habe geglaubt, nur ich allein hätte diese Ängste. Ich getraue es mir fast nicht zu sagen, aber meine liebste Freizeitbeschäftigung heute ist, Märchen zu lesen und Märchenfilme anzuschauen!*«, so eine 30-jährige junge Frau.

Schließlich ist die gelegentlich etwas altertümlich anmutende Sprache für die Kinder eine Möglichkeit, einen Sicherheitsabstand herzustellen und sich gleichzeitig von der Faszination des Unbekannten einfangen zu lassen. So äußerte einst ein kleiner Fünfjähriger, als ich ihm auf seinen Wunsch das Märchen vom Wolf und den sieben Geißlein erzählte, streng: »Das heißt nicht ›und dann‹ das heißt ›und abermals!‹«

3.3 Gehalt der Märchen

C. G. Jung versteht sie als Ausdruck einer seelischen Grundstruktur. Die Kräfte, die diese Bilder erzeugen, bezeichnet er als Archetypen. Diese wiederum sind allgemeine geistige Dispositionen, die sich in allen Menschen als Urerfahrung finden und eng mit archaischen Erfahrungen und Erlebnissen gekoppelt sind.

Lüthi bezeichnet die Märchen als Schatz archetypischer Vorstellungen, die primäre Prozesse und Situationen des Lebens zum Inhalt haben.

»Der Archetyp wiederum ist unbestimmt. Das Bild des Märchens ist eine Einzelgestaltung einer zugrundeliegenden archetypischen Urerfahrung. Darum gibt es in den Märchen eine sich immer wieder individuell abgrenzende Vielfalt einer ähnlichen Thematik. Und das nicht nur im uns vertrauten europäischen Raum, sondern bei allen Völkern.« (Lüthi in Laiblin 1995, S. 17)

3.3.1 Märchen und Wunscherfüllung

»In alten Zeiten, als das Wünschen noch geholfen hat,«...

Freud vermutete in den Märchen, ähnlich wie in Träumen, Wunscherfüllungen insbesondere sexueller Natur. Es seien konflikthafte Polarisierungen aus der prägenitalen und genital-ödipalen Sphäre.

Auch C. G. Jung meint, dass sich in Märchen und Traum die gleichen psychischen Motive spiegeln. Allerdings beschränkt er sie nicht allein auf eine bestimmte kindliche Entwicklungsstufe, sondern sieht in ihnen den Spiegel umfassenden menschlichen Denkens und Fühlens, von Ahnungen und tatkräftigen Handelns.

Herder formuliert es folgendermaßen:

»wo man träumt, weil man nicht weiß, glaubt, weil man nicht siehet und mit der ganzen unzertheilten und ungebildeten Seele würkt« (von Beit 1986, S. 9).

3.3.2 Märchen und Kompensation

Franz Riklin, ein Schüler Freuds, versteht Märchen unter dem Aspekt des kompensatorischen Wunschdenkens: Der arme Hirtenknabe heiratet die Prinzessin, der Prinz gewinnt das Aschenputtel. Neben dem erotisch-sexuellen Gehalt spielt auch die positive Bewältigung des Macht-Ohnmacht-Konflikts eine Rolle. Unterlegenheit verwandelt sich über

Siebenmeilenstiefel in Omnipotenz. Das gleiche gilt für Kraftgürtel, fliegende Teppiche oder Flugsattel. Mangelerfahrungen werden ausgeglichen über ein »Tischlein deck dich« oder einen Wunschring. Weiter gibt es zauberkräftige Objekte. Eine Bürste wird zu einem undurchdringlichen Dickicht, ein Spiegel zu einem glitzernden See, ein Kamm zu einem unübersteigbaren Berg. Über die Kompensation wird eine belastende Eingangssituation ausgeglichen. Und nicht nur das: Dümmlinge, von allen verlacht, werden zu Helden, die überlegen scheinenden Klugen werden zu Verlierern. Gute Mütter wirken aus dem Grabe heilbringend und lieblose Stiefmütter, die vordergründig alle Macht in Händen halten, ereilt ein elender Tod. In den Märchen kommen in vielfältigen Variationen alle Themen menschlichen Seins zur Sprache. So bilden Märchen einerseits scheinbar unlösbare Konfliktsituationen, geben jedoch andererseits ermutigende Hinweise, wie sie zu lösen sind. In jeder Altersstufe haben die Märchen uns vor diesem Hintergrund etwas zu sagen und bereiten uns so auf anstehende Reifungsschritte, die sich mit dem wachsenden Alter ergeben, vor.

3.3.3 Entwicklungsmärchen

Diese Märchen behandeln die notwendige Konfrontation mit den verschiedenen Entwicklungsstadien eines Kindes bis zur Pubertät. Als erste Konfliktebene setzten sich viele Märchen mit der Thematik eines narzisstisch besetzten »Wunschkindes« auseinander. Wenn das Kind dem Traum des idealen Kindes jedoch nicht entspricht und als Antwort auf die emotionale Mangelerfahrung eine Bindungsstörung entwickelt, ist die Antwort nicht selten Abneigung. Diese Perspektive schildert das Märchen von »Hans mein Igel«. In narzisstischer Kränkung, kein Kind gezeugt zu haben, wünscht sich ein Bauer ein Kind, »und wenn es ein Igel ist«. Das Kind, das nun auf die Welt kommt, ist tatsächlich zur Hälfte ein Igel. Es muss als symbolisches Bild dafür verstanden werden, dass es kein pflegeleichtes Traumkind ist. Heute würden wir vielleicht von einem »Schreikind« sprechen. Hans mein Igel hat so viele Stacheln, dass sich die Mutter abwendet und das Kind sieben Jahre hinter dem Ofen in der Asche sitzt, ein Synonym für Depression. Aber auch bei frühen Defiziten gibt es Erlösung, wie der Fortgang des Märchens zeigt. Die orale Thematik vor dem Hintergrund einer Mangelerfahrung zeigt das bei Kindern sehr beliebte Märchen vom »süßen Brei.« In überzeugender Bildsprache wird hier auf das Thema der Parentifizierung hingewiesen: Das Kind sorgt für die gierige Mutter, die in ihrer Bedürftigkeit kein Maß kennt. Das ganze Spektrum einer Problematik der oralen, analen und genitalen Phase wird mit dem Märchen vom »Tischlein deck Dich« angesprochen. Auch den Abwehrmechanismen wird Rechnung getragen: Aggression als Versuch, Ängste aus dem Bewusstsein zu drängen, spiegelt sich im Märchen »von einem der auszog, das Fürchten zu lernen.« Die unheimlichsten Situationen werden ins Gegenteil verkehrt. Alptraumartige Erlebnisse werden zu scheinbar humorvollen Episoden verharmlost, die mit List und Witz gelöst werden. Hier bildet sich erneut die Figur des Tricksters ab, der Situationen so umdeuten kann, dass sie ihren Schrecken zu verlieren scheinen. Abwehrmechanismen setzen bereits eine gewisse Ich-Integrität voraus, so dass diese Märchen auch in der Lage sind, Selbstwertgefühl und Selbstvertrauen zu stärken.

Viele Märchen widmen sich der Pubertät als einer wichtigen Übergangszeit. Die Notwendigkeit einer Interimszeit, um sich auf sich selbst und den Wechsel in das Erwachsenenleben zu besinnen, verdeutlicht das Märchen in symbolischen Bildern. Rapunzel wird in einen unzugänglichen Turm gebracht, Jungfrau Maleen mit ihrer Kammerfrau in einen Turm eingemauert, der Prinz verbringt eine Zeit der Initiation beim Eisenhans, immer erscheint es so, als ob die Zeit still stehen muss, bevor die Dynamik der Erzählung weiter geht. Wird diese notwendige Pause nicht eingehalten, passiert nicht selten eine Katastrophe. Die übersprungene Interimszeit muss in Leid und Trauer unter erschwerten Bedingungen nachgeholt werden.

3.3.4 Reifungsmärchen

Otto Huth schließlich beschreibt viele europäische Märchen als verschlüsselte Jenseitsfahrten (Huth in Laiblin 1995, S. 151). Hierzu zählt das Abtauchen in eine andere Welt bei »Frau Holle« oder dem

»Trommler«. Aber auch die dreimalige Bereitschaft, auf einem Ball zu tanzen, mit Kleidern so schön wie die Sonne, so lieblich wie der Mond und so glänzend wie die Sterne bei »*Aschenputtel*« und »*Allerleirauh*«, symbolisiert eine Neuwerdung durch ein Verlassen der Alltagswelt und einer damit verbundenen wundersamen Veränderung, so dass die Protagonistin von niemandem erkannt wird. Den Weg in die »Anderswelt« kann mit einem Schiff, das über Land und Meer geht, beschritten werden, vollzieht sich in einem Abstieg ins Erdinnere oder im Besuch der Unterwelt oder Hölle.

Hier ereignet sich das notwendige Wandlungsgeschehen, das sich jedoch häufig nur mit Hilfe von unterstützenden Tieren vollziehen lässt. Nicht selten hat der Held oder die Heldin den Tieren vorher einen wichtigen Dienst erwiesen. Im Mittelpunkt steht immer Lebens- und Todesgefahr. Hilfreiches Gegenmittel sind Todes- und Lebenswasser, symbolisch zu verstehende Elixiere, die wiederum meist von den hilfreichen Tieren besorgt werden.

Das Motiv ist die Konfrontation mit Gegenmächten die über eine oft dramatische Auseinandersetzung bezwungen werden müssen. Das können ebenso gefährliche Tiere in Gestalt von Drachen und Unwesen sein, aber auch rachsüchtige Zwerge oder machtvolle Riesen und Menschenfresser. Nicht zuletzt sind die Widersacher auch im engen familiären Umfeld zu suchen. Da gibt es neidische Mütter, machtgierige Väter oder eifersüchtige Brüder und Schwestern, die Held oder Heldin nach dem Leben trachten. Diese symbolisch zu interpretierenden Gegenmächte scheinen vordergründig den lebendigen Entwicklungsprozess zu hemmen, fordern zur kämpfenden Überwindung heraus. Es geht dabei jedoch nicht nur äußerlich um die Fähigkeit zur mutigen Auseinandersetzung mit archaischen Mächten, sondern subjektstufig gleichermaßen um die Bewältigung und anschließende Integration der eigenen Triebkräfte. Es sind also nicht nur die bösen Brüder, die den bequemen Weg suchen und ohne Anstrengung die Früchte der Reifung beanspruchen, sondern eigene Impulse, die sich der inneren Entwicklung in den Weg stellen. Eigene Naivität und Unbewusstheit bedrohen die subjektiven, kreativen Kräfte. Diese konfliktthafte Dynamik wird im Märchen vom goldenen Vogel exemplarisch nachgezeichnet (Lutz 2012, S. 85). Nach erfolgreicher Bewährung gewinnt der Held neue

Kräfte und kann sich mit den eigenen Fühlinhalten bewusst verbinden. Dies wird häufig in der bildhaft zu verstehenden Hochzeit mit der erlösten Jungfrau dargestellt. Ziel des im Märchen symbolisierten Entwicklungsweges ist die Allverbundenheit mit Natur und Kreatur in der Außen- und Innenwelt. Sie drückt sich im Verstehen der Tiersprache aus, wie es im Märchen vom »treuen Johannes« (Grimm o. J., Bd. 1, S. 59–70) nachzulesen ist, und steht für das Erreichen von Reife und Weisheit.

3.3.5 Erlösungsmärchen

»... denn aus der Rückschau auf eigenes Erleben, getragen vom Erberinnern aus uralter Vergangenheit, gestützt auf die ewig gültige Sprache der (Traum) symbolik entsteht das Erlösungsmärchen« (Jöckel in Laiblin 1995, S. 197).

Königssöhne und Prinzessinnen, arme, heimatlose Mädchen und ungeschickte Tölpel gehen einen Entwicklungsweg, der ihnen zunächst Fremde und Verwirrung zumutet. Sie müssen häufig Gefahren bestehen, sich Gefühlen des Verlassenseins, der Einsamkeit aussetzen und Ängste überwinden. Erst dann löst sich die Konfliktsituation. Die Heldinnen und Helden bestehen Bewährungsproben und können so die Begrenzungen aufgrund ihrer Herkunft mit allen Prägungen, die sich in einer aktuellen Problematik widerspiegeln, überwinden. So gewinnen sie ihren Eigenwert, ihre innere Unabhängigkeit, ihre Würde in neuer Bewusstheit.

3.3.6 Die »Übersetzung« der Märchen in die psychologisch notwendigen Entwicklungsprozesse

Zunächst wird häufig in den Märchen eine äußere Notlage beschrieben. Der Verlust eines oder beider Eltern, Armut, Schutzlosigkeit oder Einsamkeit. Äußerer Verlust, ob es Mensch oder Objekte sind, vermitteln die Botschaft, dass auch innerseelisch eine Situation des Ungleichgewichtes entstanden ist. Die äußere und innere Bedrängnis verlangt, sich auf eine »Suchwanderung« zu begeben. Es werden große Anstrengungen berichtet, mit den bisherigen Mitteln des Bewusstseins die Aufgabe zu lösen. All diese Bemühungen führen zu keinem Ziel, es verschärfen sich Gefühle der Verzweiflung und Aussichtslosigkeit. Eine Wendung des Geschehens erfolgt nicht durch eine kluge Überlegung, sondern durch einen barmherzigen Zufall. Dem Helden bzw. der Heldin fällt eine Hilfestellung zu, die als Ausdruck einer Bewusstseinsveränderung zu verstehen ist. Plötzlich gelingt es dadurch, das Problem zu lösen. Aus dem verwandelten Bewusstsein heraus ist es möglich, zumeist in der Tiefe einen Schatz zu finden, der eine neue Lebenseinstellung, einen neuen Lebensstil oder neue Lebensinhalte symbolisiert. Im Entdecken neuer (irrationaler) Sinnzusammenhänge vollzieht sich Neuorientierung.

Man könnte diesen vom Märchen beschriebenen Prozess auch mit den hellenistischen Einweihungsmysterien vergleichen. Im Zentrum steht die Aufgabe, sich aus kindlicher Passivität und Unmündigkeit zu befreien, in der Verwirklichung der Eigenständigkeit den göttlichen Entwurf zu spüren und sein Leben neu auszurichten.

Märchen spiegeln Lebenssituationen, die für Pubertierende besonders belastend sind, sie lähmen und resignieren lassen. Es geht häufig um die Nöte des Alltages, um Mangel körperlicher oder seelischer Art, um Hilf- und Trostlosigkeit, um vielschichtiges Unglück mit Trauer und Verzweiflung. Die ermutigende Botschaft für die Jugendlichen ist, dass es sich trotzdem lohnt, nach dem Glück, das heißt nach Zufriedenheit und Ausgeglichenheit, zu suchen.

Die nachpubertäre Phase und der Übergang ins Erwachsensein mit der Notwendigkeit, die eigene geschlechtliche Identität zu bejahen und in Tatkraft zu verwirklichen, charakterisiert eine Vielzahl von Märchen: Es geht um den Konflikt zwischen Abhängigkeitsbedürfnissen, dem Verhaftetsein im Elternhaus mit allen regressiven Fantasien auf der einen und der Notwendigkeit sich loszulösen, erwachsen zu werden auf der anderen Seite.»Hinter den Schutzhaltungen der Adoleszenten schält sich ... in der Regel die andere Seite der Ambivalenz heraus, der Wunsch, verstanden und mit den rätselhaften eigenen inneren Vorgängen ernst genommen zu werden«. (Burchartz 2015, S. 66)

Das Wagnis, eigenständige Weg zu gehen, ist im Zeichen der Kollektivierung und Globalisierung unserer Zeit eine besondere Herausforderung und wird auf seine Art in den Märchen beleuchtet. Sie wollen Hilfestellung geben, eine belastbare Autonomie zu entfalten, die erlaubt, altersentsprechende Partnerschaften höher zu bewerten als tradierte Bindungen der Vergangenheit.

Damit verbunden ist die Eroberung der Außenwelt, was aber in der Umkehr auch die Eroberung der Innenwelt in sich schließt. Das fordert, sich vertraut zu machen mit der eigenen Identität, mit den eigenen Gefühlen, sich in seiner Ambivalenz zu begreifen und in zunehmendem Maße Eindeutigkeit zu wagen. Es ist die Entscheidung zur Aktivität, zur Eigenständigkeit, statt im passiven Versorgtwerden zu verharren. Das bedeutet, vorwärts zu gehen, sich dem Unbekannten anzuvertrauen und das Wagnis neuer Wege auf sich zu nehmen. Diese Aufgabe vermitteln viele Märchen, wenn sich die Heldin oder der Held im Wald verirrt und den Weg aus dem Dickicht nicht mehr findet. Bei männlichen Helden sind es oft die Alten Weisen, die Frauen die im Räuberhaus wohnen oder des Teufels Großmutter. Beide können mit wilden Triebimpulsen in Gestalt von Räubern oder dem Teufel selbst klug umgehen. Damit sind sie hilfreich, stützend und Vorbild im Umgang mit diesen innerpsychischen Gegebenheiten. Bei den Heldinnen sind es dagegen meist die Gestirne, die Elemente oder die Natur selbst. So wächst das Vertrauen in die eigene Kreatürlichkeit. Gleichzeitig wird der Mut gestärkt, sich allein, aber im Vertrauen auf die eigene vitale Stärke, das Durchhaltevermögen und die Fähigkeit, andere und sich zu erlösen, auf den Weg zu machen.

Dieser Bewährungsweg beginnt in einer hilflosen Situation, die passiv, häufig in einem hohlen Baum versteckt und nur von den eigenen Haaren bedeckt, auf eine Lösung des unglückseligen Geschicks wartet. Der von der Schönheit des Mädchens beeindruckte Prinz macht sie zwar zu seiner Frau, damit beginnt aber erst der Entwicklungsprozess zu einer eigenständigen Persönlichkeit. Die junge Königin muss erst einen Leidensweg der Selbstwerdung beschreiten und sich mit der negativen Mutterimago in Gestalt einer (Stief-)Mutter auseinandersetzen. Diese Seite muss sie aber auch in sich selbst kennenlernen und sie akzeptieren. Erst dann hat sie Würde und Wert einer echten Königinnenidentität erworben.

Zusammenfassung

Märchen helfen, sich im Dickicht eines Lebens, das sich täglich verändert, junge Menschen täglich mit Neuem, Unbekannten in der Außen- und Innenwelt konfrontiert, zurechtzufinden. Sie geben ermutigende Beispiele, wie Schwierigkeiten aktiv zu bewältigen sind. Sie unterstützen Zuversicht und Vertrauen in die eigenen Kräfte. Sie fördern soziale Kompetenz, indem sie Hilfe geben aber gleichermaßen die Bereitschaft unterstützen, Hilfe anzunehmen. Sie vermitteln, dass es positive, aber auch negative Erfahrungen in Situationen und mit Menschen gibt. Sie unterstützen den Prozess, Angst zu integrieren, statt sie verdrängend auszublenden. Sie vermitteln aber auch, dass Angst überwunden werden kann. Sie bereiten auf die Realität des Lebens vor, ohne moralischen Zeigefinger, und vermitteln, dass Resignation und Depression immer nur ein Durchgangsstadium sein will. Leid und Trauer gehören jedoch zum Leben dazu. Märchen fördern anhand von Beispielen den Aufbau von Identität und unterstützen die individuelle Rollenfindung ohne Wertung. Sie vermitteln auf selbstverständliche Weise Kontaktbereitschaft mit dem anderen Geschlecht, wenn es an der Zeit ist. Sie erzählen vom Geheimnis von Leben und Tod und lehren die Weisheit des Abschiednehmens und Loslassens.

Literatur zur vertiefenden Lektüre

Freyberger, R. (2009). *Märchenbilder – Bildermärchen*. Oberhausen: Athena.
Hüther, G. (2011). *Was wir sind und was wir sein könnten* (5.Auflage). Frankfurt/M.: S. Fischer.
Martus, S. (2015). *Die Brüder Grimm* (2. Auflage). Reinbck: Rowohlt.
Rölleke, H. & Schindehütte, A. (2011). *Es war einmal ... Die wahren Märchen der Brüder Grimm und wer sie ihnen erzählte*. Frankfurt/M.: Eichborn.

Weiterführende Fragen

- Können äußere Bilder als Ausdruck einer inneren Konfliktsituation interpretiert werden? Gibt es ein Märchen, das stellvertretend diesen Aspekt unterstreicht?
- Inwieweit erlauben die Märchen die Möglichkeit, die oft bedrückende Realität der Kinder anders einzustufen?
- Welche Möglichkeiten haben die Kinder selbst, um eine durch widrige Umstände drohende depressive Entwicklung zu kompensieren?
- In welcher Weise ermöglicht die Verwendung von Märchenthemen die Erfahrung von Halt und Geborgenheit, sowohl im symbolischen Spiel als auch im Erzählen?

3.4 Beziehungen im Märchen

In den Märchen werden eine Fülle unterschiedlicher Beziehungskonstellationen dargestellt. Dabei geht es um reale Schwierigkeiten, Nähe oder Distanz zuzulassen, um Machtkämpfe, um illusionäre Wunschvorstellungen und Enttäuschungen. Symbiotische Verbundenheit wird ebenso sichtbar, wie die nahezu unüberwindbare Schwierigkeit, zueinander zu kommen. So bieten sich Märchen in einer Probeerfahrung als Spiegel der Realität an. Das gute Ende trotz aller Belastungen ermutigt zu progressiven Entwicklungsschritten, verbunden mit der Zuversicht, die eigenen Beziehungsschwierigkeiten anzuschauen und zu lösen.

Zu allen Zeiten sind Menschen in unterschiedlichen Formen auf einander bezogen. Märchen bewerten diese Beziehungen nicht, sondern führen sie dem Leser, der Leserin in symbolischer Form vor Augen. Kommunikation wird dabei, ähnlich wie bei Fabeln, gern auch an Beispielen aus dem Tierreich verdeutlicht.

3.4.1 Zwei gleich starke Partner in Machtkampf oder Übereinstimmung

Märchen »Der Fuchs und die Wildgans« (englisch)

Ein Fuchs fängt eine Gans und macht sich einen Spaß aus ihrem Schnattern und Zetern. Dann stellt er ihr die Frage, was sie an seiner Stelle tun würde, worauf sie antwortet: Ich würde die Hände falten, die Augen schließen, ein Dankgebet sprechen und dich dann auffressen. Der Fuchs meinte, dass er das auch vorhatte, er tut es und die Gans entwischt ihm.

Der Fuchs bringt seine überlegene Stärke ein und seine sprichwörtliche Schlauheit, die ihm ermöglichte, die Gans zu fangen. Diese wiederum ist ihm an List und Einfallsreichtum gewachsen, so dass sie sich aus seiner Gewalt befreien kann. Das Märchen endet mit den verdrießlichen Worten des Fuchses, dass er erst dann ein Dankgebet sprechen würde, wenn er den Braten im Bauch hätte.

Sowohl Fuchs als auch Gans verfügen über Kräfte, die sie weder zum Täter noch zum Opfer machen. Stattdessen können sie sich wechselseitig behaupten. Wenn man diese Gleichwertigkeit positiv umdeutet, besteht die Chance einer positiven Kommunikation auf Augenhöhe mit der Möglichkeit, eine Kompromisslösung zu finden, die beiden Positionen gerecht werden kann.

Märchen »Mann und Frau sind sich einig« (schwedisch)

Ein schönes Beispiel dafür ist das schwedische Märchen »Mann und Frau sind sich einig«.

Ein Mann, Gullbrand, verhält sich ähnlich wie Hans im Glück. Er tauscht Tiere gegen solche, die einen niedrigen Wert haben, bis ihm nichts mehr bleibt. Ein Nachbar wettet daraufhin mit ihm um elf Taler, dass seine Frau ihn deshalb beschimpfen würde. Er seinerseits ist überzeugt, dass sie seinen Standpunkt nicht nur akzeptieren, sondern für gut finden würde. Er berichtet ihr, dass er die gemeinsame Kuh gegen ein Pferd getauscht habe, was die Frau positiv beantwortet, indem sie meint, sie könnten so endlich zur Kirche fahren, wie andere feine

Leute. Als er berichtet, dass er das Pferd gegen ein Schwein getauscht habe, entdeckt sie gleich den Vorteil, dass sie doch auch wie bisher zu Fuß zur Kirche gehen könnten und stattdessen an dem Schwein genügend zu essen hätten. Als der Mann daraufhin vom Tausch in ein Schaf berichtet, lobt sie ihn, dann hätten sie etwas für Kleidung und Strümpfe und umgingen den Neid der Nachbarn. Die könnten sie doch verurteilen, wenn sie jeden Tag Fett und Fleisch im Überfluss hätten. Der Tausch in eine Ziege begeistert sie förmlich, denn dann hätten sie jederzeit Milch zum Trinken und zum Kochen. Der anschließende Tausch in eine Gans erhält wiederum ihre Zustimmung, weil sie auf diese Weise Gänsefleisch sowie Federn für ihr kleines Kissen habe. Der anschließende Tausch in einen Hahn lässt sie in die Hände klatschen, denn nun hätten sie einen Wecker und könnten jeden Morgen, wie andere Leute, um vier Uhr aufstehen. Der Mann beichtet schließlich, er habe den Hahn gegen zwölf Schilling hergegeben um sich dafür Essen zu kaufen, weil er so schrecklich hungrig gewesen sei. Da lobt ihn die Frau und sagt: »Was brauche ich Kuh, Pferd, Schwein, Schaf, Ziege oder Hahn, wenn ich nur dich wieder zuhause weiß.«

So gewann der Mann seine Wette und hatte damit letztlich ein gutes »Geschäft« nicht so sehr mit seinem Tauschhandel sondern im Vertrauen auf seine wertschätzende Beziehung gemacht.

Das Bedürfnis, überlegen zu sein, artet jedoch in der Realität häufig zu einem gnadenlosen Machtkampf aus. Siege sind nicht selten Pyrrhussiege auf beiden Seiten, oder der Kampf wird aufgrund beidseitiger Erschöpfung ohne Resultat abgebrochen. Beide Partner wollen in der Überzeugung ihrer Stärke dominieren. Am Ende sind beide Verlierer, weil sich keiner unterwerfen will.

Ein 14-Jähriger berichtete von den endlosen Streitigkeiten seiner Eltern. Beide seien stark und würden versuchen, sich wechselseitig fertig zu machen. Aber wenn einer gerade einen Vorteil habe, gelänge es dem anderen sofort ihn zu seinem Vorteil umzumünzen. Ich antworte auf diese differenziert vorgetragene Wahrnehmung mit der Überlegung, ob es den Eltern möglicherweise Spaß machen könne, die Klingen zu kreuzen, so, wie wir es auch schon in der Therapie mit den Samurai Schwertern probiert hätten.

Dieser Gedanke entlastete den Jungen spürbar. »*Dann muss ich nicht mehr überlegen, wen ich unterstütze, sondern lass sie weiter kämpfen. Vielleicht tut es ihnen ja gut, dass sie sich immer wieder beweisen, gleich stark zu sein. Nur sollen sie nicht mehr im Auto streiten, wenn wir (mein Bruder und ich) dabei sind. Da können wir uns dann so schlecht raushalten!*«

3.4.2 Ein starker Mann begegnet einer schwachen Frau und macht sie zu seinem Objekt

Märchen »Blaubart« (Bechstein 2013, S. 332)

Die vielfältigen Blaubart-Märchen sind sich in ihrem Grundgehalt immer ähnlich: Ein offenbar wohlhabender Mann beeindruckt die Eltern, obwohl das Ahnen einer Gefahr an bestimmte Merkmale geknüpft ist. Einmal ist es ein blauer Bart, einmal eine silberne Nase, Attribute, die vermehrte Aufmerksamkeit zu fordern scheinen. Die Eltern ebenso wie die Töchter setzen sich jedoch angesichts demonstrierter Würde, materiellen Reichtums über die warnende Stimme des Unbewussten hinweg. So gewinnt dieser zumeist als älterer Mann geschilderte »Herr von Stand« eine Tochter nach der anderen zur Frau. Die jungen und unerfahrenen Mädchen, die offensichtlich noch stark mit der Tochterrolle identifiziert sind, bekommen im Schloss des Mannes Schlüsselgewalt mit Ausnahme eines Zimmers, das sie nicht betreten dürfen. Hinter dieser Tür befindet sich das Geheimnis des Blaubart, seine mörderische, blutige Sexualität. Die naive Bereitschaft zum blinden Gehorsam trägt jedoch die Sehnsucht nach Eigenständigkeit in sich. Diese trägt aber die Züge eines neugierigen Kindes, das sich einer möglichen Gefahr nicht bewusst ist. Das nicht wirklich reflektierte Übertreten des Gebotes löst Panik aus, das Unterpfand des kindlichen Gehorsams, der Schlüssel, das goldene Ei fällt in das Blut des verbotenen Zimmers. Die Spuren lassen sich nicht mehr entfernen, so dass die erste wie die zweite Tochter vom Herrn zur Strafe getötet und in eben jene Blutkammer geworfen wird. In der italienischen Version gibt es noch eine bezeichnende Variante: Der Herr steckt dem Mädchen, während sie schläft, eine Blüte ins Haar, die beim Betreten der Blutkammer verbrennt. Nur die jüngste ist in der Lage, sich über eine realitätsprüfende Haltung bewusst mit der Bedrohung auseinanderzusetzen und den Herrn zu überlisten, so dass er in einigen Versionen dieses Märchenthemas sogar unwillentlich alle drei Schwestern wieder ins Elternhaus zurück tragen muss.

Bezeichnend für diese Märchenthematik ist zunächst die verführerische Unterwerfung unter einen starken Mann. Als Frau übernimmt man die dienende Rolle, im modernen Sprachgebrauch heißt es »man hält dem geplagten Manager den Rücken frei« und schafft ihm ein behagliches Zuhause. Damit ist auch gemeint, ihm die Kinder und damit verborgenen Sorgen (aber auch Freuden) fernzuhalten und damit eine indirekte Dominanz zu entwickeln. Die im Blaubart-Märchen beschriebene List der Jüngsten, die Schwestern in einem Korb zu verpacken und zum Beispiel als schmutzige Wäsche zu deklarieren, die bei der Mutter gewaschen werden müsse, zeigt, dass hinter dieser Thematik in der Regel ein ungelöstes Mutterproblem steht. Im archetypischen Mutterbild sind die Pole verbunden, Macht und Ohnmacht vereinen sich zu einem Rätsel, das das Männliche letztlich dominiert. Der ältere Mann, der finanzielle Sicherheit, Geborgenheit und Sorglosigkeit verspricht, ist auch heute noch für viele junge Mädchen attraktiv. Dass damit Autonomie und schließlich Entwicklung zu einer eigenständigen Persönlichkeit blockiert werden, entzieht sich häufig der bewussten Wahrnehmung

> *»Ich angele mir einen reichen Mann und brauche mich mit einem Beruf nicht herumzuschlagen«, verkündete eine Jugendliche innerhalb einer Gruppensitzung. »Dann habe ich ausgesorgt und kann es mir schön machen. In der Schule hatte ich Stress genug, das reicht mir!«*
>
> *Ich nützte das Blaubartmärchen, um den Unterschied bei den drei Schwestern herauszuarbeiten. Während die älteren ohne weiter zu überlegen einerseits passiv, andererseits der Neugierde gehorchend vielleicht mit schlechtem Gewissen das Gebot übertraten und die Tür zur Blutkammer öffneten, blieb die Jüngste wach und sich in aller Neugier der Gefahr so bewusst, dass Sie den Schlüssel vor-*

her in Sicherheit brachte, das goldene Ei versteckte und die Blüte aus dem Haar nahm.

Ein 17-jähriger Jugendlicher experimentierte sehr unbekümmert mit Drogen. Er berichtete in den Stunden, wie wunderbar es sei, mühelos in andere Welten einzutauchen, sich frei und leicht zu fühlen, einen verklärten Blick hinsichtlich seiner Alltagssorgen zu gewinnen.» Es ist viel leichter, als die mühsamen Therapiestunden, ich fühle mich gut und allem Alltagsstress gewachsen, weil ich einen besseren Überblick habe und Kleines klein sehe. Was bedeutet schließlich ein guter Schulabschluss? Ich beame mich einfach in eine andere Welt.

Kurz nach dieser Stunde berichtete er einen Traum: Ich schwebe durch die Welt, aber es ist kein Glücksgefühl, sondern ich versuche verzweifelt mit den Füßen die Erde zu erreichen. Es treibt mich immer höher, ich strecke verzweifelt meine Fußspitzen zur Erde und erreiche den Boden nicht. Ich habe Angst mich aufzulösen oder abzustürzen. Ich wache mit einem Schrei auf, im Gefühl eines unendlichen Fallens, was einfach nicht aufhört.

Als der Jugendliche mir seinen Traum erzählte, lächelte er etwas schief und sagte, ich weiß schon was Sie denken und ich fürchte, Sie haben Recht. Also weiter mit dieser mühseligen Therapie!

Der Traum korrigiert in sehr eindeutiger Form die vom Bewusstsein überzeugend vorgetragene Lebenshaltung. Ein sinnvolles Umgehen mit Erkenntnis verlangt immer auch, den Boden der Realität nicht zu verlassen. So ist therapeutisches Anliegen immer, gerade bei Jugendlichen das Jetzt und Hier nicht aus dem Auge zu verlieren. Bewusstes Wissen-Wollen ist entwicklungsfördernd, Neugier ohne Reflexion kann lebensbedrohlich werden, weil man im wahrsten Sinne den Boden unter den Füßen verlieren kann.

3.4.3 Ein schwacher Mann ist mit einer starken Frau verbunden

Märchen »Vom Fischer und siine Frau« (Brüder Grimm)

Ein klassisches Beispiel für diese Konstellation ist das Grimm'sche Märchen »vom Fischer und seiner Frau« (Grimm 1985, S. 51–56). Es gibt eine Fülle von ähnlichen Märchen in den verschiedenen Ländern, so dass es sich offenbar wieder um ein archetypisches Motiv handelt: Die Gefahr einer freiwilligen Unterwerfung unter einen weiblichen Machtanspruch, um Verantwortung zu entgehen und Konflikte zu vermeiden.

Das zentrale Märchenmotiv ist die unersättliche Frau, die mit dem, was sie bekommt, nicht zufrieden ist und immer mehr will. Ein Fischer fängt einen Butt, der sich als verzauberter Prinz bezeichnet. Voll Mitgefühl lässt ihn der Fischer wieder schwimmen. Seine Frau macht ihm Vorwürfe und meint, er hätte sich etwas wünschen können. Der Fischer eilt zurück zum Meer und ruft den Butt mit den berühmten Schlussversen »meine Frau, die Ilsebill / will nicht so wie ich wohl will.« Die Unersättlichkeit der Frau findet ihre Entsprechung in der Schwäche des Mannes, der zwar erkennt, dass eine Bescheidung notwendig wäre, der aber nicht wagt, seine Meinung energisch zu vertreten. Jedes Mal äußert er zwar den Wunsch, die Frau möge zufrieden sein, unterwirft sich jedoch trotzdem und bittet den Butt erneut um die Erfüllung eines noch größeren Wunsches. So klettert die Frau immer höher auf der Stufenleiter äußeren Glanzes. Sie wird schließlich König, Kaiser und Papst. Mit wachsender Bedeutung wird ihr Machtanspruch immer umfassender, jedoch gleichzeitig die Spanne der Zufriedenheit immer kürzer. Auf der Symbolebene wird an den Zeichen der Natur, den wilden Wellen, den düsteren Farben, dem stinkenden Wasser die Gefahr, die in der Maßlosigkeit ebenso wie in dem schwachen Ich des Fischers liegt, erlebbar. Auch die zunehmende Angst des Mannes weist auf die Bedrohung durch die Hybris der Frau hin. Es gibt jedoch keine Begrenzung, so das auf den Wunsch der Frau, Gott persönlich zu sein, der Absturz in die frühere Lebenssituation erfolgt.

3 Die Bedeutung der Märchen in der psychodynamischen Psychotherapie

Die Chance, sich zu entwickeln, indem auch in der Liebe und Bezogenheit Grenzen gezogen werden, das Gefälle von Macht und Ohnmacht aufzulösen, zugunsten einer Gleichwertigkeit, die Dialoge zulässt, ist verspielt. Ein Paar hat zusammengelebt, ohne sich wechselseitig eine fruchtbare Entwicklungschance dadurch zu geben, dass Kritik und Selbstkritik Raum finden. Sucht ist jedoch immer auch verborgene Sehnsucht. Vordergründig scheint der Mann der Unschuldige zu sein, aber blieb er seiner Frau vielleicht etwas schuldig, weshalb sie so maßlos wurde? Versucht sie sich mit materiellem Besitz auszufüllen, um das Sehnen nach einem erfüllenden Gehalt vor sich selbst zu verstecken? Ein Partner kann zwar nie ein Garant für ein erfülltes Leben sein, aber gemeinsames Suchen stiftet Sinn. Beide Partner verharren jedoch im Märchen in der Scheinsicherheit vordergründigen Habens. Ist es bei der Frau mehr Besitz, sozialer Rang und damit verbundene Macht, so ist es beim Mann Harmonie, Übereinstimmung und Konfliktvermeidung. Die damit verbundene beidseitige Kindlichkeit spielt demgegenüber die Verantwortung für die Eskalation der Situation zu. Entwicklung wird von beiden nicht als innerer Prozess verstanden, der sich Konflikten stellt und sie in mühseliger Kleinarbeit versucht aufzulösen. Rezepte für ein gelingendes Leben im sinnvollen Sein gibt es nicht. Sie müssen immer individuell neu erfunden werden.

Genau dieser Ansatz unterscheidet die psychodynamische Psychotherapie bei Kindern und Jugendlichen von verhaltenstherapeutischen Ansätzen. Nicht das Symptom ist aus dieser Perspektive die Krankheit, sondern es signalisiert im analytischen Verständnis einen ungelösten Konflikt, der jedoch nicht bewusst ist. Heranwachsende in einem mühsamen Suchprozess zu begleiten, Eltern zu Verständnis und Geduld zu ermutigen, bedeutet, auf den schnellen Besitz von Erfolg zu verzichten, in der Gewissheit, dass sinnvolles Sein nicht in der Kommodenschublade zu finden ist. Goethes Wort »erwirb es, um es zu besitzen« drückt diese Suchbewegung aus. Hier liegt gleichzeitig der Schatz der Zufriedenheit verborgen, der ein anderes Wort für Glück ist.

Ist es tatsächlich notwendig, immer noch ein neueres, schnelleres Auto, einen noch höheren Lebensstandard zu erstreben, noch vollkommener die Genüsse des Lebens auszuschöpfen? Zeigt sich nicht erst in der Beschränkung der Meister, wie es Goethe formuliert, oder verheißt

Haben letztlich doch mehr Glück als Sein? Das Märchen weiß eine eindeutige Antwort, aber können wir das in der Arbeit mit Kindern und Eltern auch vermitteln? Was leben wir als Therapeuten vor? Wie werden wir beurteilt?

Ich erinnere mich an eine 15-Jährige, die ihrem Vater die Frage stellte, welches Auto ihre Therapeutin wohl fahren würde. Er betete alle großen Firmen und ihre gewichtigen Autos herunter. Schließlich sagte die Jugendliche lachend. Du, es ist ein einfacher Golf, schon ziemlich alt mit der geringsten Anzahl PS. Daraufhin meinte der Vater begütigend: »*Nun ja, vielleicht läuft die Praxis auch nicht so gut*« – *unausgesprochen* »*wer nur so ein schlichtes Auto fährt, kann nichts Rechtes sein*«. *Darauf die Tochter:* »*Aber ich finde sie eigentlich ganz gut*« *worauf der Vater entgegnete:* »*Wollen wir's hoffen, aber bei dem Auto ...*«.

Zusammenfassung

In der Wahrnehmung unterschiedlicher Paarkonstellationen zeigt sich, dass es immer wieder um Polaritäten geht. Selten sind Paare gleich stark und können sich über eine positive Kommunikation ihre Stärke lassen. Häufiger zeigen Märchen Paarbeziehungen unter unterschiedlicher Demonstration von Stärke. Entweder gibt sich das Männliche stark und dominant und die Frau ist Dienerin, oder es ist umgekehrt. Kämpfe um Überlegenheit charakterisieren den Beziehungsalltag. Die Aktualität der Praxis zeigt, dass diese Thematik heute noch in gleicher Weise Gültigkeit hat.

Literatur zur ergänzenden Lektüre

Märchen »Fitchers Vogel« (Grimm o. J., Bd. 1, S. 312–317).
Märchen »Mann und Frau im Essigkrug« (Bechstein in Lutz 2001, S. 71–75).
Märchen »Die silberne Nase« (italienisch, Karlinger 1988, S. 5–12).
Märchen »Hans und die Bohnenranke« (französisch, in Lutz 2012, S. 106–107).

Weiterführende Fragen

- Können Märchen für Kinder eine Orientierungshilfe sein, um elterliche Paarkonflikte besser einordnen zu können?
- Sind die Kategorien von »stark« und »schwach« in der Paardynamik noch zeitgemäß?
- Können bestimmte Märchen entlastend wirken und Kinder aus Loyalitätskonflikten befreien?

3.4.4 Eltern und Kinder

Wenn man sich in die Märchensammlung der Gebrüder Grimm vertieft, fällt auf, dass die Urfassung, erstmals zwischen 1810 und 1815 herausgegeben, erhebliche Unterschiede zur Ausgabe letzter Hand vom Jahr 1857 aufweist. Als wesentlich erscheint, dass häufig aus der Mutter, gerade wenn sie negative Züge lebte, eine Stiefmutter gemacht wurde (siehe Schneewittchen in der Fassung von 1812/15 und in jener von 1854). Ähnlich wird auch in den späteren Fassungen das Thema Sexualität ausgespart. Aggression ist nicht so sehr individuelles Thema, sondern wird auf eine frustrierende Umwelt oder bedrohliche Gestalten verschoben. Wilhelm Grimm, nur ein Jahr jünger als sein Bruder Jacob, bearbeitete die von Jacob Grimm gesammelten Märchen. Die problematischen Themen wurden häufig umgedeutet. Als Kind seiner Zeit schienen ihm diese Inhalte, die in den Urfassungen noch ganz unverblümt ausgesprochen wurden, zu jugendgefährdend. Auf der anderen Seite gab er jedoch den Märchen ihren ganz persönlichen Stil, der sie zu einem der am meisten übersetzten Werke deutscher Sprache machte.

3.4.4.1 Vater und Tochter

Zwischen Vater und Tochter spielt häufig eine erotische Anziehung eine Rolle, die zwar oft verleugnet wird, aber doch spürbar ist und im Thema Missbrauch eine gefährliche und gefährdende Bedeutung erhalten hat. Es gibt eine Reihe von Märchen, die sich dieser Thematik in ihren vielschichtigen Aspekten widmen.

3.4 Beziehungen im Märchen

Märchen »König Drosselbart« (Brüder Grimm)

Eine gewährende bis verwöhnende Erziehungshaltung einerseits, ein plötzliches Umschlagen in autoritäres Gebaren andererseits, wenn die Tochter zur kleinen Tyrannin wird, diese Polarität wird im Märchen vom »König Drosselbart« (Grimm o. J., Bd. 1, S. 352–359) in eindrucksvoller Weise dargestellt. Die schöne Königstochter macht sich über alle Freier lustig. In ihrer anmaßenden Anspruchshaltung ist ihr kein Freier gut genug. Es ist in diesem Märchen bezeichnend, dass die Mutter anscheinend fehlt und damit der Willkür der Tochter offenbar keine triangulierende Grenze gesetzt wurde. Der Vater lässt die Tochter lange gewähren, zu lange, so dass er sie schließlich in einem Zornesausbruch in die Arme eines armen Mannes verstößt. Dieser Mann zwingt sie, sich in den Niederungen der Armut und der Arbeit zu bewähren, Leid und Schmerz zu ertragen, um die Würde einer königlichen Geburt nicht als selbstverständliches Anrecht zu begreifen, sondern sie neu zu schätzen. Die Wandlungssymbole, die diesen Prozess der Selbsterkenntnis begleiten, sind einmal Kochen und Hausarbeiten erledigen. Es sind archaische Notwendigkeiten, an der Basis der Existenz gewissermaßen, die eine Voraussetzung darstellen, um einer Königswürde Rechnung zu tragen. Körbe flechten ist eine sehr frühe Form, Behälter herzustellen. Es ist eine Form, die auf einen Inhalt wartet. Auch hierzu ist die Königstochter nicht in der Lage. Es fehlt ihr das Zupackende, die Bereitschaft, Realitäten anzuerkennen um sie dann mit adäquaten Inhalten füllen zu lassen. Und auch die stabile Form der irdenen Töpfe hält der Aggression, die scheinbar von außen kommt, nicht stand. Es ist aber der Spiegel der eigenen Aggressionen, die im wahrsten Sinn viel Porzellan zerschlagen haben. Erst nach diesen dreimaligen Misserfolgen folgt noch ein Akt der Beschämung: In ihrer Armut hat die Königstochter in zwei Töpfchen Brotbrocken und Suppe gesammelt. Die befestigende Schnur reißt und sie fühlt sich vor vielen Menschen ähnlich gedemütigt, wie sich vorher ihre Freier und vor allem König Drosselbart gefühlt haben mögen. Über die Scham, Einfühlung und Selbsterkenntnis ist die wahre Reife erlangt, um mit den Unvollkommenheiten anderer und der eigenen Person angemessen umzugehen. Nun ist wahre Königinnenwürde erreicht.

Märchen »Allerleirauh« (Brüder Grimm)

Eine Variante der Vater-Tochter-Beziehung auf der Ebene des übergriffigen Begehrens ist das Märchen von »Allerleirauh« (Derungs 2010, S. 150–154): Ein König verliert seine Frau und schwört, nur dann wieder zu heiraten, wenn er eine Frau fände, die die gleiche Schönheit besäße wie jene. Er entdeckt sie bei seiner heranwachsenden Tochter und beschließt, sie zu heiraten. Die Räte vertreten die Position von Sitte und Moral, sind entsetzt und versuchen vergeblich ihn von seinem Entschluss abbringen. Der König repräsentiert in seinem unangemessenen Machtanspruch eine rücksichtslose Egozentrik. Es wird weder die Persönlichkeit der Tochter als eigenständiges Wesen, noch die Vorbildfunktion berücksichtigt, die er als oberste Instanz von Recht und Gerechtigkeit mit seiner Königswürde zu vertreten hat. Sich diesem totalitären, selbstbezogenen Anspruch zu entziehen scheint nur über die List möglich. Die Versuche der Tochter, dem Vater scheinbar unlösbare Aufgaben zu stellen und damit eine sichernde Distanz herzustellen, scheitern an dessen Gier. Sowohl den Mantel aus allen Fellen der Tiere des Reiches als auch Kleider, glänzend wie Sonne, Mond und Sterne, schafft der Vater herbei, um die Tochter als Frau zu gewinnen. Diese muss darum, um sich zu retten, ihre vermutlich intensive Vaterbindung auflösen, die möglicherweise durch den frühen Tod der Mutter verstärkt wurde. Die Königstochter wagt eigenständig die Flucht, getarnt durch den Fellmantel, der sie zu einem »merkwürdigen Tierchen« macht. Trotz dieses bewussten Verzichts auf ihre königliche Würde nimmt sie die Abzeichen ihres Wertes, ihre leuchtenden Kleider, noch in den Nüssen verborgen, mit auf den Weg ihrer Entwicklung. Über den Leidensweg der Erniedrigung, des Dienens muss sie den, durch die Übergriffigkeit des Vaters in Frage gestellten Wert neu finden. Dieser Eigenwert wird über liebendes Wahrnehmen neu gewonnen. So kann die Überzeugung einer selbstverständlichen eigenen Bedeutung zu einem sicheren Besitz, zum bewussten Anteil der eigenen Person werden.

Märchen »Die kluge Bauerntochter« (Brüder Grimm)

Eine dritte eindrucksvolle Variante des Themas Vater – Tochter bietet das Märchen von der »klugen Bauerntochter« (Grimm o. J., Bd. 2, S. 43–48).

Ein armer Bauer und seine Tochter bekommen vom König einen Acker geschenkt. Als sie ihn bestellen, finden sie einen goldenen Mörser, den der Bauer dem König aus Dankbarkeit schenken möchte. Die Tochter rät ab, indem sie mutmaßt, dass der König auch nach dem Stößel verlangen würde. Der Vater lässt sich von seinem Plan nicht abbringen und es geschieht, wie die Tochter es vorausgesehen hat. Der König wirft den Vater ins Gefängnis, weil er den Stößel nicht beschaffen kann. Dort klagt der Bauer laut »O hätte ich auf meine Tochter gehört«. Der König wird neugierig, lässt die Tochter holen und fordert von ihr die Lösung eines Rätsels. Er verspricht, sie zu heiraten, wenn sie erfolgreich wäre.

Das Rätsel lautet, sie solle nicht bekleidet und nicht nackt, nicht geritten und nicht gefahren, nicht in dem Weg und nicht außer dem Weg zu ihm kommen. Die kluge Bauerntochter zieht sich nackt aus und schlingt ein Fischernetz um sich, so ist sie weder nackt noch angezogen. Dann leiht sie sich einen Esel, bindet das Fischgarn an seinen Schwanz und er muss sie schleppen. So kommt sie weder geritten noch gefahren vorwärts. Schließlich musste der Esel sie in einem Fahrgleis ziehen, so dass sie nur mit der großen Zehe die Erde berührte. So bewegte sie sich weder im Weg noch außerhalb des Weges.

Der König erklärte das Rätsel für gelöst, entließ den Bauer aus dem Gefängnis und heiratete die kluge Bauerntochter. In der Fortsetzung des Märchens gibt es eine zweite Bewährungsprobe: Einige Jahre später hielt der König eine Parade ab, so dass eine Reihe von Wagen, mit Pferden und mit Ochsen bespannt, vorfuhren. Eins der Pferde bekam ein junges Fohlen, dieses lief weg und legte sich zwischen zwei Ochsen, die vor einen Wagen gespannt waren. Nun kam es zum Streit, weil der Ochsenbauer behauptete, weil das Fohlenzwischen seinen Ochsen gelegen hätte, würde es von den Ochsen abstammen, gehöre also ihm. Der Pferdebauer wollte auf seinem Recht bestehen, aber der König entschied, dass das Fohlen dorthin gehöre, wo es gelegen sei. Der Bauer war ganz verzweifelt und suchte bei der Königin Rat, weil sie ja auch aus dem Bauerngeschlecht stamme. Sie versprach ihm zu helfen unter der Bedingung, dass er nicht verraten solle, wer ihm den Rat gegeben hätte. Dann schlug sie ihm vor, er solle am nächsten Tag auf dem Platz mit einem großen Netz fischen, auch immer das Netz wieder ausschütteln, als habe er Fische gefangen. Wenn ihn der König fragte, warum er das täte, solle er antworten »So gut als zwei Ochsen können ein Fohlenkriegen, so gut kann ich auch auf dem trockenen Platz fischen.« Der König ahnte, dass diese Lösung nicht von jenem sein könne und ließ ihn so lange »drangsalieren«, bis er das Geheimnis verriet. Zornentbrannt wollte der König seine Frau verstoßen, erlaubte ihr jedoch das »Liebste und Beste mitzunehmen, was sie wüsste.« Sie willigte ein, kredenzte ihm einen Schlaftrunk und nahm ihn als ihr Liebstes und Bestes mit in ihre Bauernhütte. Als der König erwachte, erkannt er die Treue seiner Frau, nahm sie wieder mit in sein königliches Schloss und ließ sich aufs Neue mit ihr vermählen.

Eine kluge Tochter, die mehr weiß als ihr Vater, was dieser jedoch zu Beginn nicht anerkennen will. Im König beggenen wir einem Mann, der in gleicher Weise zunächst seine Überlegenheit demonstrieren will, dann jedoch die Überlegenheit der Bauerntochter anerkennen muss. Der Lohn ist die Vermählung, das heißt, sie hat jetzt seitens des Männlichen die gleiche Würde, den gleichen Wert erhalten. In der neuen Situation der Konfrontation mit einer anderen Art von Bauernschläue fällt der König in eine unterlegene Position, was die Bauerntochter mit ihrem Vorschlag des Fischens auf einem trockenen Platz aufdeckt. Diese Überlegenheit kann der König zunächst nicht ertragen und verstößt sie in die alte ärmliche Primärsituation. Die Liebe der Bauerntochter kennt weder Rache noch Unterwerfung, sondern sie nimmt das Angebot, das Liebste und Beste mitzunehmen, wortwörtlich. So erkennt der König den Wert der Liebe, die keinen Machtkampf kennt, so dass sich die Frage einer Über- oder Unterlegenheit gar nicht erst stellen muss. Ist das Fazit, dass eine positive Beziehung zum Vater, die nicht einer machtvollen Überlegenheit, sondern einer positiven Beziehung entspringt, Liebe und Beziehungsfähigkeit zum Männlichen ermöglicht, jenseits von Rechthaberei oder Fehlidentifikation?

> In einer Gruppensitzung diskutierten vier jugendliche Mädchen zwischen 16 und 18 Jahren ihre Beziehung zum Vater. Dabei entstand die Frage, inwieweit ein Vater die Einstellung zum Männlichen prägen würde und ob eine Chance bestünde, sich von diesem Bild als Richtschnur zu befreien. Es wurden sehr unterschiedliche Vaterpersönlichkeiten geschildert. Dabei fielen Ausdrücke wie »autoritärer Bock«, »konfliktscheuer Heiliger«, »Weichei und Warmduscher« oder »alter Macho«. Eine meinte schließlich: »Ich trau mich gar nicht zu sagen, dass ich meinen Vater ganz ok finde. Er ist zwar manchmal ein bisschen langsam und begriffsstutzig, aber er kann über seine Schwächen lachen und sagt dann: ›Also für mich jetzt nochmal, aber langsam…‹ Meine Mutter verdreht dann immer die Augen, aber ich muss dann immer lachen und er nimmt es mir nicht übel. Neulich sagte er zu seinem Freund über mich, das hat der mir nämlich dann erzählt: »Ich weiß gar nicht woher sie diese Klugheit hat, von mir jedenfalls nicht.«

Mir fiel in diesem Augenblick das Märchen von der »klugen Bauerntochter« ein und noch ein weiterer Gedanke zur Interpretation. Hatte der König nicht auch Züge einer Vatergestalt? Wagte er sich über sein Rätsel nicht wirklich einzugestehen, dass er die »Tochter« liebte. Zeigte er sich in seiner Entscheidung, dass das Fohlen zu den Ochsen gehörte, nicht auch ein wenig begriffsstutzig. Anerkannte er nicht letztlich die Überlegenheit seiner Frau, einmal im Ratschlag, im Trockenen zu fischen, vor allem aber auch in ihrer bedingungslosen Liebe. Ich meine, dass hier keine inzestuöse Bindung im Vordergrund steht, sondern die Bereitschaft, sich als Tochter der Liebe zum Vater bewusst zu werden. Das kann dann der Ausgangspunkt für eine altersgemäße positive Bindung zu Gleichaltrigen sein.

3.4.4.2 Mutter und Tochter

Das archetypische Mutterbild ist polar. Auf der einen Seite vermitteln die Märchen die liebende treu sorgende, verständnisvolle Mutter, auf der anderen Seite wird der negative Aspekt in Gestalt der verstoßenden, kalten, eifersüchtigen Mutter dargestellt. Im Bild der Hexe findet sich darüber hinaus die machtvolle Seite, die über Zauberkräfte verfügt und die Entwicklung zur eigenständigen Persönlichkeit, zur Unabhängigkeit mit allen Mitteln verhindern will. Nicht selten ist es die eigene Tochter, die von der Hexe in dem Augenblick gnadenlos verfolgt wird, wenn sie sich zu ihrer persönlichen Freiheit entscheidet. Meistens übernimmt diese Rolle der Befreiung ein Mann, es kann aber auch eine Mädchenfigur sein, die als Teilaspekt der eigenen Person den Mut findet, sich von der Hexenmutter zu entfernen (Lutz 2012, S. 78).

Märchen »Der liebste Roland« (Brüder Grimm)

Ein klassisches Märchen, das diesen Konflikt in starken symbolischen Bildern beschreibt, ist das vom »Liebsten Roland« (Grimm o. J., Bd. 1, S. 388–393)

Eine Mutter, die sich später als zauberkundige Hexe entpuppt, lebt gegenüber einer »rechten« und einer Stieftochter den Doppelaspekt des Weiblich-Mütterlichen in seiner archaischen Qualität. Die gebundene abhängige Tochter, die offensichtlich, wie auch in ähnlichen Märchen, verwöhnt wird, ist die geliebte Tochter, während die andere abgelehnt wird. Durch die verwöhnende Bedürfnisbefriedigung bleibt die eine Tochter im Wunschdecken passiv, angewiesen auf die wunscherfüllende Mutter. Die andere ist offenbar durch die Lieblosigkeit wach und kann sich der geplanten Vernichtung entziehen. Zieht man eine Parallele zur Bindungstheorie, ist häufig zu beobachten, dass ungeliebte Kinder die »Flucht nach vorn« antreten, das zwingende Bedürfnis haben, so rasch wie möglich autonom zu werden, um nicht an der Lieblosigkeit des Umfeldes zu Grunde zu gehen. Diese Haltung mag hinter dem Tun der Stieftochter verborgen sein, wenn sie im Geheimen die Pläne der Stiefmutter wahrnimmt, die sie töten will. Sie tauscht mit der Schwester, während diese schläft, den Platz im Bett, so dass die Mutter ihrer eigenen Tochter den Kopf abschlägt. Mit drei Blutstropfen, die sie auf die Treppe, in die Küche und vor das Bett verteilt, versucht die Stieftochter die Entdeckung zu verzögern. Sie flieht mit ihrem »liebsten Roland« und dem Zauberstab der Alten, wird jedoch von jener eingeholt. Um sich zu retten, verwandelt sie sich in einen See, den liebsten Roland in eine Ente. Der Versuch, die Ente mit

Brot zu locken und den See auszutrinken, misslingt angesichts des hereinbrechenden Abends.

Die Enten als Symboltiere gehören von alters her zu den Attributen der großen Mutter. Sie sind Jenseitsbegleiter und Wandlungssymbole, eine Bedeutung, die Hans Christian Andersen in seinem Märchen vom »hässlichen jungen Entchen« intuitiv erfasst hat (Zerling & Bauer 2003). Sie sind sowohl in der Lage zu tauchen, als auch sich in die Lüfte zu erheben. Unter diesem Gesichtspunkt wären sie als Sinnbild für eine Auseinandersetzung und Auflösung mit der archetypischen Mutterdominanz zu verstehen. Auch im See ist dieser doppelte Aspekt gegeben, kann er doch den Himmel spiegeln, gleichermaßen das unten und oben repräsentieren.

Am nächsten Tag holt die Mutter das Paar wieder ein, das Mädchen verwandelt sich in eine Blume innerhalb einer Dornenhecke, den liebsten Roland in einen Geigenspieler. Dieser spielt der Alten, während sie die Blume brechen will, zum Tanz auf, so dass sie in den Dornen elend umkommt.

In diesen Bildern kann man ein Ausdifferenzieren der weiblichen Individualität vermuten. Zur Zartheit der Blume gehören auch die Dornen, zur sanften Ästhetik die dunkle Seite der Aggressivität, die äußerlich von der negativen Mutter befreit. Unterstützt wird dieser Prozess durch Musik, das leichte tänzerische Moment, dem sich die Hexe nicht entziehen kann.

Damit scheint das Mutterproblem über eine Identifikation mit den Zauberkräften der Mutter gelöst. Aber eine fehlende frühe positive Bindungserfahrung wird in seiner belastenden Wirksamkeit nicht durch Autonomieentwicklung allein kompensiert. Der eigentliche Reifungsprozess beginnt erst jetzt. Das Mädchen verwandelt sich in einen roten Felsstein, während der »liebste Roland« geht, um die Hochzeit zu bestellen. Aber er vergisst das Mädchen. Dieses muss zunächst das leidvolle Warten ertragen. Nichts geht mehr unter dem Aspekt einer schnellen, lösungsorientierten Progression. Im »liebsten Roland« wiederholt sich eine enttäuschende Bindungserfahrung, die jetzt zu Trauer und Resignation führt. Es scheint, als ob das Mädchen jetzt ein Gefühl nachholen muss, dem sie sich, um angesichts der Lieblosigkeit des Mutterobjektes zu überleben, nicht ausliefern durfte. Nun wiederholt sich die traumatische Erfahrung, weil eine tragfähige Bindungsbereitschaft auch beim gewählten Mann nicht gegeben war. Indem das Mädchen sich erneut in eine Blume verwandelt, ist sie überzeugt, aufgrund der fehlenden Wahrnehmung sterben zu müssen. Die Interimszeit bei einem Schäfer stellt das Dienen wiederum als einen Entwicklungs- und Reifungsschritt in den Vordergrund. Ähnlich wie bei König Drosselbart mögen die einfachen häuslichen Arbeiten die Bedeutung haben, die eigene Machtlosigkeit anzuerkennen. Es geht nicht mehr darum, über Zauberkräfte, mit Hilfe einer forcierten Autonomie Sicherheit in der eigenen Identität zu gewinnen, sondern auch die Abhängigkeit, das Angewiesensein auf andere zu lernen. Ein notwendiger Prozess, um nicht in narzisstischer Selbstgefälligkeit zu glauben, auf andere Menschen verzichten zu können! Der Zugewinn an Reife erlaubt den tröstlichen Schluss: Mit ihrer Stimme erweckt sie den unbewussten liebsten Roland. Jetzt ist aus einer Notgemeinschaft erst eine wahre Bindungsfähigkeit entstanden.

Märchen »Frau Holle« (Brüder Grimm)

In gleicher Weise wie die verstoßende kann auch die fürsorgende, bindende Mutter für die Tochter zum Problem werden. Indem sie verwöhnend alles für die Tochter tut, fördert sie deren Egozentrik, lähmt aktive Impulse und verhindert die Bereitschaft, sich durch schwierige Lebenssituationen durchzubeißen. Über diese fürsorgend-mütterliche Haltung verstärkt sich die Bereitschaft zur passiven Lebenseinstellung. Die Erwartungshaltung ist riesengroß, die Fähigkeit, das eigene Leben zu gestalten, vergleichsweise klein. Es entwickelt sich keine Bereitschaft, Aufgaben selbstständig zu übernehmen. Damit gibt es aber auch kein Erfolgserlebnis, keine Freude, keinen Stolz auf Eigenständigkeit. Das Mädchen verharrt in der Gebundenheit und bleibt »hauptberuflich abhängige Tochter«.

Ein bezeichnendes Beispiel ist das bekannte Märchen von Frau Holle (Derungs 2010, S. 106–108): Die ungeliebte Tochter wird, wenn man den Sturz ins Wasser als Weg, sich mit dem Unbewussten auseinanderzusetzen, versteht, mit Aufgaben konfrontiert. Das Notwendige zu tun, ohne dabei die eigene Befindlichkeit zu hinterfragen, dabei auch mögliche Frustrationen hinzunehmen, scheint das Signal aus der anderen Welt zu sein. Die »gute« Tochter konfrontiert sich auf diesem Weg mit Teilaspekten der guten Mutter, mit ihrer Fülle. Diese zeigt sich über die Brote im Backofen und die reifen Äpfel des Apfelbaumes. Die Entwicklungsaufgabe ist, mit diesem Reichtum strukturierend umzugehen, gleichzeitig aber auch mit der Forderung, das eigene Ich hintan zu stellen. Dieser Schritt scheint umso bedeutsamer, als diese Tochter ja ein Defizit an Liebe, Geborgenheit und Fürsorge hatte und darum grundsätzlich sehr bedürftig wäre. In der Begegnung mit Frau Holle, die den wertneutralen Aspekt des mütterlichen Archetyps vertreten dürfte, zeigt sich nochmals sehr deutlich die Notwendigkeit des fraglosen Handels, ohne einen Lohn dafür einzufordern. Tatkräftig sein zu dürfen, ist schon Lohn genug, darum wird sie unerwartet mit Gold überschüttet. Die verwöhnte, von der Mutter behütete Tochter, der keine Frustration zugemutet wurde, kann sich weder auf die sorgsame Behandlung frischen Brotes noch auf den Reichtum einer Apfelernte einlassen. Sie sieht jede Aufgabe als unzumutbare Belastung und erlebt sich gefährdet durch eine Aktivität, die ihr im Grunde Gewinn bescheren könnte.

So ist es nur konsequent, dass sie als Lohn, den sie einklagt, von Pech übergossen wird, ein Synonym für Depression. »Da kam die Faule, ganz mit Pech bedeckt und das hat ihr Lebtag nicht wieder abgehen wollen.« (Derungs 2010, S. 108)

Meine Mutter war immer meine beste Freundin, erzählte mir eine Mutter, die mich wegen der eigenen zwölfjährigen Tochter aufsuchte. Jene sei, seit sie auf der Welt sei, ein Trotzkind. Sie würde jede Gelegenheit nutzen, sich mit ihr auseinanderzusetzen, würde sie, wo sie könne, blamieren, kränken, beleidigen und sei völlig anders als sie selbst von jeher gewesen. Sie habe immer ein wunderbares harmonisches Verhältnis mit ihrer Mutter gehabt. Sie würde sie bis heute um Rat fragen und sich danach richten. Der Höhepunkt habe sich erst vor wenigen Tagen ereignet, als sie – die Mutter zu ihrer Tochter – gesagt habe: »Wenn ich so zu meiner Mutter gewesen wäre ...«. Darauf habe ihre Tochter gesagt: »Wenn du nur so gewesen wärest, dann hätten wir heute keine Probleme.«

Der eigentliche Patient war nicht die Tochter, auch wenn sie ihrer Mutter einiges an demonstrativer Aggressivität zumutete. Das Hauptproblem war die ungelöste, nahezu symbiotische Bindung der Mutter an ihre eigene und der fehlende Mut zur individuellen Abgrenzung. Diese ungelöste Aufgabe fiel über den Mechanismus der unbewussten Delegation an die nächste Generation. Die 13-Jährige lebte von klein auf in der Überzeichnung das, was die Mutter in ihrer Angst vor Abgrenzung und Eigenständigkeit vermieden hatte.

Die Jugendliche konnte nahezu selbstverständlich ihr Aufsehen erregendes Verhalten zurücknehmen, als ihre Mutter begann, sich aus der Tochterrolle herauszulösen, sich abzugrenzen und über eine lang gewünschte, bisher jedoch nicht gewagte Weiterbildung eine unabhängige Identität aufzubauen.

Zusammenfassung

Die Beziehungen zwischen Eltern und Kindern können von vielschichtigen Impulsen geprägt sein. Die ödipale Faszination eines Vaters durch die heranwachsende Tochter entspricht der ersten »Verführungstheorie« Freuds, die den potenziellen Missbrauch von Kindern seitens der Erwachsenen anprangert. Später relativierte er diese Aussage, indem er den Spieß umdrehte und die Kinder zu Verführern machte. Oft bleiben Töchter ein Leben lang an den Vater gebunden. Vatertöchter sind im Spiegel der väterlichen Aufmerksamkeit von ihrem Wert überzeugt, allerdings kann das schnell in Hochmut entarten. Damit wird eine erfüllende Partnerschaft mit einem Mann erschwert, es sei denn, Vatertöchter machen sich ihre eigene Einseitigkeit bewusst, die vordergründig Leid und Einsamkeit, nicht selten auch Erniedrigung in sich schließt. Märchen verheißen jedoch als Folge ein gutes Ende auf der Basis wertschätzender Gemeinsamkeit.

Die Beziehung zwischen Mutter und Tochter enthält ein höheres Maß an Ambivalenz. Fürsorgende Identifikation und eifersüchtige Rivalität stehen häufig unverbunden nebeneinander. Eine Distanzierung von der Mutter ist für eine Tochter ungleich schwieriger, als sie sich ja andererseits mit der Mutter und ihrem Geschlecht identifizieren muss. Viele Märchen schildern diesen konflikthaften Weg, der mit Angst und weitreichender Verunsicherung verbunden ist. Es wird jedoch in all diesen Märchen auch immer auf die vitalen Möglichkeiten des Mädchens hingewiesen, das über spezielle Kräfte in Gestalt faszinierender Wunderdinge verfügt und so schließlich eine positive Lösung herbeiführt.

Literatur zur vertiefenden Lektüre

Beckmann, H. (1999). Das Prinzip des Agamemnon, Töchterschicksale im Namen des Vaters. Köln: PapyRossa.
Birnbaum, M. L. (2011). Mütter und Töchter. Gießen: Brunnen.
Onken, J. (1993). Vatermänner. Ein Bericht über die Vater-Tochter-Beziehung und ihren Einfluss auf die Partnerschaft. München: C.H.Beck.
Owen, U. (1983). Väter, Schriftstellerinnen schreiben über ihren Vater. München: Wilhelm Heyne.
Riedel, I. (2013). Wenn Mütter und Töchter einander suchen. Freiburg: Kreuz.
Scherrmann-Gerstetter, B. & Scherrmann, M. (2006). Das Brave-Tochter-Syndrom. Freiburg: Herder.

Weiterführende Fragen

- Auf welche Weise können Symbolbilder auf Entwicklung und Reife einer Persönlichkeit hinweisen?
- Geben Märchen Hinweise, dass die Abgrenzung vom gleichgeschlechtlichen Elternteil schwieriger ist, als vom gegengeschlechtlichen?
- Wirken Märchen auch bei Heranwachsenden ohne psychologische Interpretation?
- Wie kann man Erkenntnisse der Märchen in einen Entwicklung fördernden Prozess integrieren?

3.4.4.3 Vater und Sohn

Märchen »Tischlein deck dich« (Brüder Grimm)

Die Beziehung zwischen Vater und Sohn ist von ähnlichen Ambivalenzen geprägt, wie die zwischen Mutter und Tochter. Rivalität ist vor allem, wenn die Söhne älter werden, ein zentrales Thema. Macht und Ohnmacht, Recht haben und dem jüngeren die Rolle der Unterlegenheit zuzuspielen, entspricht dem Schneewittchenthema als Mutter die Schönste zu sein. Die Chance, mit Stolz die Überlegenheit eines Sohnes anzuerkennen, zurückzutreten und der nächsten Generation die Mittelpunktssituation zuzuerkennen, wird oft verspielt. Im Märchen vom »Tischlein deck dich« (Grimm o. J., Bd. 1, S. 253–270) wird dies Doppelte sichtbar. Einerseits dominiert der Vater in herrischer Gebärde, zum anderen scheint er nach Jahren der Lehre seiner Söhne, die offenbar auch eine eigene Lehrzeit in sich schloss, das Können der Söhne zu akzeptieren.

Die Ausgangssituation im Märchen »Tischlein deck dich« beschreibt einen Vater, der seiner Ziege höchste Bedeutung beimisst und die Fürsorge für sie widerspruchslos fordert. Seine drei Söhne bekommen nacheinander den Auftrag, die Ziege gut zu ernähren und sie mit den fettesten Kräutern zu versorgen. Die Ziege entpuppt sich als ein sehr doppelzüngiges Tier. Beruhigt sie die drei Söhne jeden Abend, sie sei so satt, sie möge kein Blatt mehr, behauptet sie wenig später dem Vater gegenüber »wovon sollt ich satt sein, ich sprang nur über Gräbelein und fand kein einzig Blättelein«, so dass der Vater wutentbrannt seine drei Söhne aus dem Haus jagt.

Nachdem die Ziege normalerweise als ausgesprochen liebevolles, fürsorgendes Muttertier gilt, begegnet uns hier eine Zerrform. Das Tier entpuppt sich als ein selbstbezogenes, narzisstisches Wesen, das schamlos lügt und die gehorsamen Söhne projektiv zu Schwindlern macht. Gepaart mit dieser Haltung ist ihre kurzsichtige Dummheit. Indem der Vater in gleicher Weise behandelt wird, offenbart sich ihre selbstbezogene Perspektive, eine Konsequenz ihrer mangelnden Wahrnehmung des Gegenübers. Es ist naheliegend von einer Familienkonstellation zu sprechen, in der eine bezogene Mütterlichkeit fehlt und stattdessen Egoismus dominiert. Der Vater ist dieser Dominanz offensichtlich unkritisch verfallen und kann damit keine eigenständige Bezogenheit weder zu den Söhnen, noch zur eigenen Männlichkeit aufbauen. So könnte das Entwicklungsthema des Märchens heißen, dass sich hier eine neue Form der Bezogenheit zwischen Vater und Sohn aufbauen will. Sie sollte nicht mehr in Frage gestellt werden durch eine egozentrische, nur den eigenen Gewinn vor Augen habende Weiblichkeit.

Es ist ein langer Entwicklungsweg, den die drei Söhne vor sich haben. Drei Jahre lernen sie Handlungsfähigkeit bei einem bezogenen Meister, der sie nach der Lehrzeit mit wertvollen Gaben belohnt. Bekommt der erste mit dem »Tischlein deck dich« eine liebevolle Kompensation ungestillter oraler Bedürfnisse, die Kompensation für eine mangelhafte Fürsorge der frühen Mutter, gewinnt der zweite mit dem Goldesel einen Ausgleich für das Fehlen angemessener Zuwendung in der analen Phase. Schließlich ist der dritte Sohn bei einem Drechsler in der Lehre. Das bedeutet möglicherweise, dass er lernt mit den eigenen kreativen Fähigkeiten konstruktiv umzugehen, das Holz mit Kraft und Einfallsreichtum kunstvoll zu bearbeiten. Dazu gehört die Dynamik der Aggression im Sinne des adgredi, nämlich etwas in Angriff zu nehmen, sich mit etwas auseinanderzusetzen. Diese vitalen, positiven Eigenschaften wurden offensichtlich in der Kindheit nicht gefördert, sondern lieblos unterdrückt.

So ist folgerichtig auch dieser derjenige, der den betrügerischen Wirt als erneuten Repräsentanten des negativen Vaterarchetyps entlarvt und eine positive, wertschätzende Beziehung zwischen Vater und Sohn einleitet.

Ein Vater, bei dem es im Gespräch um seine Beziehungsschwierigkeiten zu seinem elfjährigen Sohn ging, berichtete aus seiner Kindheit Folgendes:
»Mein Vater machte alles, was meine Mutter ihm auftrug. Er hatte keine eigene Meinung und wollte vor allem meine Mutter befriedigen. Heute glaube ich, dass er eine furchtbare Angst vor ihren Launen, ihrer Unberechenbarkeit hatte. So bekamen wir häufig von ihm Schläge und haben lange nicht gewusst, dass er dies im Auftrag

unserer Mutter tat. Lange haben wir in unserem Vater den Buhmann gesehen, während die Mutter sich als die scheinbar Liebevollere darstellte. Wie scheinheilig sie war, haben mein Bruder und ich erst nach dem Tod meines Vaters herausgefunden. Sie mochte keine Männer und darum wurden wir von ihr, als unser Vater nicht mehr ihr Handlanger war, gnadenlos benutzt und gleichzeitig entwertet.«
Der Vater verabschiedete sich nach dem Gespräch mit einem schiefen Lächeln und folgenden Worten: »*Dann habe ich wohl die Aufgabe, meinem Sohn und damit auch mir eine Überzeugung unseres Wertes als Männer zu vermitteln. Ich glaube, er muss nicht nur bei Ihnen, sondern auch mit mir zusammen Feuer machen.«* Wir *hatten über den Sinn von Feuerspielen in einer früheren Stunde gesprochen. Offensichtlich erinnerte er sich an die Sinnbildhaftigkeit dieser dynamischen Kraft als Wandlungssymbol, als Ausdruck von Vitalität und männlicher Identität.*

Märchen »Der Zauberer und sein Lehrling« (aus der Antike)

Der Vater als Vorbild, als Lehrer, der sein Wissen gern an den Sohn weitergibt, der ihm ein Gefühl von Selbstwert vermittelt, weil er selbst eine positive Einstellung zur eigenen geschlechtlichen Identität hat, das wäre ein wünschenswertes Ziel einer gelungenen Vater-Sohn-Beziehung.

Ein ägyptisches Märchen schildert diese Perspektive: Pankrates war ein weiser Mann, von dem man sagte, er habe 23 Jahre in den unterirdischen Kammern gelebt und dort von der Göttin Isis persönlich die Kunst des Zauberns erlernt. Zudem ritt er auf Krokodilen oder schwamm unter ihnen und sie kamen zutraulich zu ihm heran und wedelten mit den Schwänzen.

In der Symbolsprache drückt sich hier aus, dass er mit den Krokodilen als Abbilder des Weiblich-Mütterlichen in einem zugewandten Verhältnis lebte, so dass ihre Destruktivität nicht wirksam wurde. Diese Sicherheit hat er allerdings erst nach einer langen Zeit in der Unterwelt erworben. Im dunklen Reich des Unbewussten hat er über die Göttin Isis die Zauberkunst erlernt. Diese ägyptische Göttin, die Schwester-Gattin des Totengottes Osiris, gilt als das Sinnbild lebendig machender

Fruchtbarkeit. Indem sie den zerstückelten Osiris wieder zusammensetzt, ermöglicht sie die Geburt des göttlichen Kindes Horus. Damit muss sie als lebensspendendes Prinzip verstanden werden. Indem Pankrates bei ihr in die Lehre geht, lernt er das Geheimnis der Wandlung, was, wie oben schon beschrieben, auch das Geheimnis des ägyptischen Denkens und Fühlens in sich schließt: »Du stirbst, damit du lebst.« Im Gegensatz zum Märchen vom »Tischlein deck dich« begegnen wir in der Person des Pankrates einem Vertreter autonomer Männlichkeit, der sich zwar zunächst als Lernender, dann aber als einer versteht, der auf einer partnerschaftlichen Ebene mit dem Weiblichen zu kommunizieren in der Lage ist.

Pankrates war einem Schüler sehr zugetan und gab sein Wissen ganz selbstverständlich an ihn weiter. Er lehrte ihn alle Zauberkünste bis auf den, einen Stößel zum Diener zu machen. Einmal belauschte der Schüler seinen Lehrer und merkte sich die aus drei Worten bestehende ersehnte Zauberformel. Als der Lehrer eines Tages zum Markt ging, verwandelte der Schüler den Stößel mit Hilfe des Zaubers in einen Diener und befahl ihm Wasser zu holen. Dieser Zauber gelang, doch als Schüler verfügte er nicht über die Fähigkeit, den Zauber wieder aufzulösen. So schleppte der Diener Eimer um Eimer Wasser herbei, ohne dass er sich Einhalt gebieten ließ. In seiner Hilflosigkeit spaltete der Schüler den Stößel mit dem Erfolg, dass nun zwei Diener alles unter Wasser setzten. Der Meister kam und machte dem Spuk ein Ende.

Johann Wolfgang von Goethe nahm dieses Märchen als Vorlage für sein berühmtes Gedicht »Der Zauberlehrling«: »Herr, die Not ist groß, die ich rief die Geister, werd' ich nun nicht los.«

Pankrates beseitigte die Notlage ohne Zurechtweisung oder Strafe. Der Schüler erkannte selbst, dass er noch Zeit braucht, um sich aus der Abhängigkeit in eine eigenverantwortliche Autonomie zu entwickeln. Jener ging und überließ dem Schüler die Chance, das Können des Meisters zu erreichen, ihn vielleicht sogar zu übertreffen. Eine großzügige Haltung, die man einer Vater-Sohn Beziehung wünschen möchte.

»*Mein Vater kann alles! Wenn etwas kaputt ist, weiß er, was man machen muss, damit es wieder heil wird. Wenn ich groß bin, werde ich wie mein Papa. Er hat versprochen, er zeigt mir alles. Und dann kann ich vielleicht noch ein bisschen mehr, weil er dann nämlich alt ist und zittert, wie mein Opa. Dem ist nämlich neulich das Beil aus der Hand gerutscht, als er Holz klein machen wollte.*«
So die Äußerung eines Fünfjährigen. Diese positive Zukunftsperspektive weckt Zuversicht und Vertrauen in eine potenzielle Männlichkeit.

3.4.4.4 Mutter und Sohn

Märchen »Vom Bursch, der die Rattenprinzessin freite« (norwegisch)

»Es war einmal eine Frau, die hatte einen Sohn und der war so faul und langweilig, dass er überhaupt nichts Nützliches anfangen wollte. Aber zum Singen und Tanzen hatte er Lust ...«

– so beginnt das norwegische Märchen »vom Bursch, der die Rattenprinzessin freite.« Statt sich eine Arbeit zu suchen, beschließt er die Tochter der »Mutter im Winkel« zu freien. Dann »könne er sein Lebtag in Lust und Freuden leben und singen und tanzen und brauche sich nicht mit Arbeit zu plagen.« Die Mutter war einverstanden und »putzte« ihn recht heraus. Auf dem Weg dorthin springt er in einer Gegend voll Morast und Pfützen auf einen Grasbüschel, um seine Schuhe nicht schmutzig zu machen und rutscht abwärts in eine dunkle Höhle.

Hier empfängt ihn eine alte Ratte mit einem Schlüsselbund am Schwanz als ihren Bräutigam. Entscheidend für den Erlösungsprozess ist, dass der Junge das Tun der Ratte nie hinterfragt, sondern seine befremdlichen Gedanken für sich behält. Er bekommt einmal ein Garnknäuel, das nächste Mal einen Wollfaden und damit verbunden den Auftrag auf dem Heimweg immer »vorne kurz und hinten lang« zu sagen. So entsteht das erste Mal ein viele hundert Ellen großes Stück Leinen, das zweite Mal ein ebenso große Stück feinsten Tuches. Beim dritten Mal, als er entgegen seiner bewussten Absicht, die ihn zur Mut-

3.4 Beziehungen im Märchen

ter im Winkel führen sollte, wieder bei der Ratte anlangt, erlöst er sie durch sein unkritisches Schweigen zu einer wunderschönen Prinzessin und die anderen Ratten zu einem Gefolge junger hübscher Mädchen. Das Rattenloch wird zu einem Schloss, in das sie die Mutter holen.

Der Sinn des Märchens bleibt zunächst im Dunkel, denn es scheint verwunderlich, dass dieser verwöhnte, arbeitsscheue junge Mann für sein trällerndes Nichtstun belohnt wird. Man könnte jedoch vermuten, dass der Bursche eine primär liebevolle und Halt gebende Bindung erfahren hat und damit ein stabiles Urvertrauen aufbauen konnte. Das Singen und Trällern scheint auf diese Unbekümmertheit hinzuweisen. Die Tochter der »Mutter im Winkel« zu freien, gibt ein weiteres Rätsel auf. Angesichts der Tatsache, dass er dann nie mehr arbeiten müsse, könnte der Schluss nahe liegen, dass der junge Mann über Winkelzüge ein unbekümmertes kindliches Dasein fortzuführen gedachte. Das abwärts Gleiten ins Rattenloch durchkreuzte jedoch diese bewusste Absicht und könnte die unfreiwillige Konfrontation mit der dunklen Seite des Mütterlichen symbolisieren. Nur über diesen Weg kann Reife erlangt werden, die für eine partnerschaftliche Verbindung Voraussetzung ist.

Die Ratte gilt gemeinhin als schmutziges Tier, insofern dürfte die Reise ins Dunkel auch eine Konfrontation mit den eigenen dunklen »schmutzigen« Seiten seiner Persönlichkeit bedeuten. War des Jungen Tagesbewusstsein ein Tanzen, Singen und Trällern, dürfte seine Nachtseite die dunkle Triebseite darstellen, der Schatten, wie ihn C. G. Jung bezeichnet, der in die Persönlichkeit integriert werden will. Gleichzeitig gilt die Ratte aber auch als sehr intelligentes Tier, das Lebenskraft verkörpert und alle Widerstände überwindet. (Zerling & Baur 2003)

Die Sehnsucht, wieder an die Oberfläche zu kommen, erfüllt zwar die Gedanken des jungen Mannes, er spricht sie jedoch nicht aus, sondern akzeptiert den Verbleib in der Unterwelt, bis die Ratte ihm vorschlägt, wieder nach Hause zurückzukehren. Dass der Aufenthalt bei der Ratte einen persönlichen Zugewinn in sich schließt, signalisiert das Leinengewebe und beim zweiten Mal das kostbare Tuch. Dabei scheinen die magischen Worte »vorne kurz und hinten lang« eine besondere Bedeutung zu haben. Könnte dahinter stehen, dass Entwicklung nur dann möglich ist, wenn der Blick nach vorn gerichtet ist? Dabei erschließt sich ihm auch ein Lebensgeheimnis: Das aktive Leben zu bejahen, heißt gleichzeitig, zu akzeptieren, dass die Zeitspanne bis zum Tod immer kürzer, die Vergangenheit immer umfassender wird. Das hinter ihm Liegende zuzulassen, ohne sich neugierig umzudrehen, scheint die Entstehung eines Wertes zu erlauben. Das wird daran sichtbar, dass die Mutter zunächst für den Burschen und sich selbst aus dem Leinen und dem feinen Tuch neue Kleidung näht und den Rest gut verkauft. Es sieht fast so aus, als ob der junge Mann sein Gewordensein nicht kausal-reduktiv, sondern nach vorn blickend bewältigen soll. Sich aus der Mutterbindung zu befreien, heißt die kurzen Augenblicke der Gegenwart aktiv neu zu gestalten und sich gleichzeitig sein zuversichtliches, fröhliches Gemüt zu bewahren.

Mutterbindung darf darum aus der analytischen Perspektive nicht immer pathologisiert werden. Die Erfahrung, ohne Bedingungen geliebt zu sein, schafft eine stabile Basis, sich zuversichtlich auf die Welt und ihre Aufgaben einzulassen. Bereit sein, sich irrationalen Zufällen zu überlassen, sich Überraschungen im Leben auszusetzen und auf kleinliches Sicherheitsdenken zu verzichten, ist eine beneidenswerte Fähigkeit, die viele Jugendliche noch besitzen, wenn sie sich auf eine Weltreise ohne Fünf-Sterne-Hotel einlassen. Sich ein Stück dieser Unbekümmertheit zu bewahren, macht zum Lebenskünstler. Von manchen werden sie zwar als ein wenig naiv belacht, aber sie wagen das Abenteuer des Lebens ohne Netz oder doppelten Boden in Vertrauen und Zuversicht.

Eine nicht mehr ganz junge Mutter hatte sich bewusst zu der Tatsache eines Einzelkindes durchgerungen, angesichts ihres beruflichen Engagements und eines überwiegend fernen Ehemanns und Vaters. Sie wandte sich sehr besorgt an mich mit der Frage, ob sie damit dem Sohn etwas schuldig bleiben und er sich möglicherweise ohne Geschwister zu einem Egozentriker entwickeln würde. Ich konnte ihr vor dem Hintergrund der Bindungsforschung vermitteln, dass sich soziale Kompetenz über frühe gute Bindungserfahrungen entfaltet, nicht primär über Geschwister. Und über diese guten Erfahrungen verfügte der kleine Mann!» Und als Basis«, so fasste ich zusammen,» wird er sein Leben lang das Wissen in sich tragen,

Mutters liebstes Kind gewesen zu sein.« Wenn das als sicherer Halt vermittelt wird, nicht aber als goldene Fessel, dann darf man zuversichtlich nach vorn schauen.

Märchen »Der Junge aus Göinge« (schwedisch)

Dominanz der Mutter kann den Sohn jedoch auch einfältig und unkritisch machen. Im Bewusstsein konstelliert sich die Überzeugung, dass die Mutter für einen denkt und handelt und man sich diesem Tun – ohne es zu hinterfragen – lediglich anpassen muss. Dies wird in dem schwedischen Märchen, »der Junge aus Göinge« sehr drastisch dargestellt.

Zunächst soll der Junge im Auftrag der Mutter eine Kuh verkaufen. »Du sollst nehmen, was du kriegst, du musst nur ordentlich etwas in der Hand haben.« Daraufhin spuckt ein Käufer dem Jungen einen großen Klacks in die Hand und zieht mit der Kuh davon. Als der Junge auf dem Heimweg dem Pfarrer ein Gatter aufhalten soll, schmiert er versehentlich die Spucke an den Zaun. Er wird darüber so wütend, dass er den Pfarrer erschlägt. Mutter und Sohn vergraben ihn. Anschließend tötet die Mutter einen schwarzen Bock. Er wird auf den Wagen geladen und anschließend vom Jungen vergraben. Weil er jedoch Mensch und Tier nicht recht unterscheiden zu können scheint, führt er die den Pfarrer suchenden Dorfbewohner an das Grab des Bockes. So gab es für den Burschen keine bösen Folgen. Anschließend beschließt die Mutter, den Burschen, der aufgrund seines Reichtums attraktiv genug erscheint, zu verheiraten. Bevor sie geht, um die Braut zu holen, trägt sie ihm auf, die Stube bis auf vier oder fünf Balken hoch sauber zu machen, mit Grün und Kraut eine Suppe zu kochen, selber süß auszusehen und die Federn geputzt zu haben. Getreu des mütterlichen Befehls führt er die Aufträge buchstabengetreu aus: Das grün angestrichene Schwein, damit man den Schmutz nicht sieht, steckt er es zusammen mit dem Hund, der Kraut heißt, in einen Kochtopf. Außerdem setzte er die Stube bis nahe an den vierten Balken unter Wasser, bestreicht sich mit Sirup und wälzt sich in den Federn seines Kopfkissens. Die Mutter sagt zur Braut beschwichtigend, ihr Sohn sei immer so lustig und voller Späße. In der Brautnacht geht diese un-

3 Die Bedeutung der Märchen in der psychodynamischen Psychotherapie

ter einem Vorwand heraus, bindet eine Ziege an das Seil, mit dem der Junge das Mädchen festhalten wollte, so dass jener die Nacht mit der Ziege verbringt. Nach dem Erwachen zündet sich der Bursche selbst an und springt in den Fluss, um sich zu löschen und ward nicht mehr gesehen.

In diesem grotesk anmutenden Märchen zeigt sich, wie gefährlich sich die Abhängigkeit von der Mutter auswirkt. Es ist eine Mutter, die in einer symbiotischen Gemeinsamkeit alle Fehler und Schwächen des Jungen deckt und ihn damit lebensuntüchtig macht. Die gestaute Eigendynamik bricht sich in ungezügelter Form Bahn, denn abhängig gehaltene Jungen haben Schwierigkeiten, ihre Impulse zu kontrollieren, weil sie nicht gelernt haben, angemessen mit ihrer aggressiven Dynamik umzugehen. Es fehlt das männliche Vorbild, das Struktur und Orientierung schafft. Im Gegenteil, die Mutter deckt den Mord am Väterlichen in Gestalt des Pfarrers und macht aus ihm letztlich einen lächerlichen Bock.

Hierzu Hans Hopf: »Erst durch die Anerkennung des Vaters und seines Gesetzes wird eine dauerhafte Symbiose verhindert und der Zugang zur männlichen Welt gewährleistet.« (Hopf 2014, S. 369)

Das fehlende »Gesetz« lässt ihn straffrei ausgehen, schafft jedoch in ihm noch mehr Verwirrung und fixiert ihn in seiner Abhängigkeit vom Mutterobjekt. Er nimmt den Auftrag der Mutter wörtlich und sein Auftritt gerät daher bis zur Absurdität, dass er mit der Ziege das Lager teilt. Die Ziege ist unschwer als ein Symbol für die Mutter zu verstehen. Seine aggressive Dynamik, die kein angemessenes Ventil hat, wendet sich autodestruktiv gegen die eigene Person. Sein Versuch, sich selbst in seiner Männlichkeit auszulöschen, führt ihn in den endgültigen Selbstverlust. Er taucht zurück in das wässrige Prinzip als einem Symbol des Mütterlichen und geht in seiner individuellen Identität zugrunde.

Fürsorge für den Sohn wird schnell zur Bemächtigung und entspricht einer symbolischen Kastration. Indem die Mutter das Beste für den Sohn will, erlaubt sie ihm keine Autonomie, verhindert die Entwicklung einer angemessenen Frustrationstoleranz und gleichzeitig die Fähigkeit, mit aggressiven Impulsen in richtiger Weise umzugehen. Indem das Männliche Prinzip keinen positiven Raum hat, ist der Sohn der Dominanz des Weiblich-Mütterlichen ausgeliefert. So gibt es keinen Ausweg als den in eine psychoseähnliche Verkennung des Realitätsprinzips zu flüchten und in der Konsequenz an der eigenen gestauten Aggressivität unterzugehen.

Die Sinnhaftigkeit dieses Märchens wurde mir an einem Neunjährigen deutlich, der mir aufgrund seiner destruktiven Fantasien vorgestellt wurde. Er hatte »böse Gedanken«, indem er sich immer vorstellte, wie er seine Klassenkameraden umbringen müsse, sich selbst vom Hochhaus herunterstürzte, Häuser anzündete und mit dem Messer auf andere losgehen würde. Seine schlechten Schulleistungen entsprachen in keiner Weise seiner potenziellen intellektuellen Leistungsfähigkeit.

In der Anamnese stellte sich heraus, dass der Junge drei Jahre von einer überfürsorglichen Mutter gestillt worden war, um seinen Einschlafstörungen zu begegnen. Der Vater hatte sich seit sieben Jahren aus der Beziehung herausgenommen, war sozusagen für den Jungen gestorben. Die Mutter, nicht berufstätig, war nur für den Jungen da. »Er ist mein einziger Lebenszweck, ›mein Ein und Alles‹. Niemand wird mich je wieder so lieben, wie er es tut.«

Ich zögerte lange, ob das Märchen in der begleitenden Elternarbeit konstruktiv verwendet werden könnte. Indem ich der Mutter meine Zweifel anbot, weckte ich ihr Interesse und konnte zu meiner Überraschung sehen, dass das Märchen der Mutter in einer Spiegelwirkung ein Umdenken erlaubte. Sie konnte sich einem Jugendfreund zuwenden und in einer wachsenden Partnerschaft den Sohn aus seiner abhängigen Bindung entlassen. So fand der Junge einen Spielraum, in dem er es wagen konnte, in der therapeutischen Übertragungsbeziehung seine destruktiven Fantasien auszuagieren. Über einen symbolischen Muttermord an der Therapeutin konnte er das Männliche anerkennen als eine neue Qualität in Gestalt des Partners der Mutter, aber auch als Ausdruck seiner eigenen vitalen Energie. Es versteht sich fast von selbst, dass er in der Folge auch deutlich bessere Schulleistungen erzielte, die ihm die Umschulung aufs Gymnasium erlaubten.

3 Die Bedeutung der Märchen in der psychodynamischen Psychotherapie

Zusammenfassung

Die archetypischen Beziehungskonstellationen zwischen Vater und Sohn bergen vor allem den Konfliktstoff von Unterwerfung oder Selbstbehauptung in sich. Märchen kennen beide Perspektiven, unterstreichen als Lösungsweg jedoch immer den in die Eigenständigkeit und Unabhängigkeit. Mit Gewalt oder List versuchen die Väter nicht selten, der nächsten Generation ihre selbst erworbenen Fähigkeiten wieder zu nehmen. Sich in einem solchen Fall, und sei es mit Gewalt, zu behaupten, wie es der dritte Bruder im Märchen vom »Tischlein deck dich« tut, ist die einzige Möglichkeit, dem Vater später auf Augenhöhe zu begegnen.

Mutter und Sohn haben nicht selten eine engere emotionale Bindung, die mehr Wärme erlauben kann, jedoch häufig in Abhängigkeit festhält, was eine adäquate, lebendige Partnerschaft auf gleicher Ebene erschwert und belastet. Es kann sehr bequem sein, im »Hotel Mama« zu verharren, oder die Partnerin zu einer fürsorgenden Mutter zu machen. Die eigene Entwicklung stagniert jedoch dann. Das Wagnis, ein eigenes unabhängiges Leben zu gestalten, wird damit häufig leichtfertig verspielt.

Literatur zur vertiefenden Lektüre

Guggenbühl, A. (2006). *Kleine Machos in der Krise* (3. Auflage). Freiburg: Herder.

Hopf, H. (2005). *Traum, Aggression und heilende Beziehung, Beiträge zur psychoanalytischen Therapie von Kindern und Jugendlichen*. Frankfurt: Edition Déjà vu.

Hopf, H. (2014). *Die Psychoanalyse des Jungen*. Stuttgart: Klett Cotta.

Weiterführende Fragen

- Welche Möglichkeiten bietet eine psychodynamische Behandlung, um die männliche Rollensicherheit zu stärken?
- Braucht ein Junge einen männlichen Therapeuten, um seine Männlichkeit zu entwickeln?

- Welche Voraussetzungen muss ein Analytiker/Analytikerin besitzen, um Jungen ein Gefühl von Ich-Integrität zu vermitteln?
- Kann eine engagierte Elternarbeit mit dem Vater für das Kind neue Wege der Ich- und Selbstfindung eröffnen?
- Welche Schwerpunkte sollte die Arbeit mit der Mutter bei einem männlichen Patienten haben, damit sie den Sohn aus einer engen Beziehung entlässt?

3.5 Geschwister

Geschwisterliche Beziehungen sind die längsten im Leben. Sie sind jedoch zumeist von weitreichenden Ambivalenzen geprägt. Geschwister können sich »heiß und innig« lieben, gleichermaßen aber auch »spinnefeind« sein.

Die enge Verbundenheit, die in früheren Jahrhunderten Geschwister im wahrsten Sinn zusammenschmiedete, dürfte sich mit dem großen Abstand zu den Eltern, die in früheren Zeiten absolute Autoritätsfiguren waren, erklären. Zum anderen galten Kinder als Gruppenwesen. Man hatte in der Regel eine große Anzahl von Geschwistern, die bei der hohen Kindersterblichkeit auch wieder gingen. Die individuelle Persönlichkeit eines Kindes stand noch längst nicht in dieser absoluten Form im Mittelpunkt der elterlichen Aufmerksamkeit wie heute. Ein bezeichnendes Beispiel ist die Familie Grimm: die ältesten beiden, Jakob und Wilhelm, die ein sehr inniges Verhältnis zueinander hatten, wurden angesichts des frühen Todes des Vaters früh in die Verpflichtung eingebunden, für fünf jüngere Geschwister zu sorgen. Zusätzlich war die Mutter schwer depressiv und musste emotional gestützt und getragen werden. Da war es undenkbar Rivalität, Eifersucht und Neid zu entwickeln. Trotz gewisser Unterlegenheitsgefühle des jüngeren Bruders Wilhelm verbanden sich beide in der gemeinsamen, sie begeisternden und erfüllenden Arbeit. Sie schufen sich über die Märchenforschung, die Arbeit am deutschen Wörterbuch und der Mythologie eine

gemeinsame Plattform und damit eine Basis für eine lebenslange Verbundenheit.
In einer analytischen Therapie sollte immer auch das familiäre Umfeld mit bedacht werden. Wenn wir ein Kind behandeln, haben wir zumeist kein Einzelkind vor Augen, sondern es gibt Geschwister, die indirekt mit beeinflusst und auch vom Patienten in irgendeiner Form mit einbezogen werden. Dies geschieht sehr selbstverständlich in einer gruppentherapeutischen Behandlung. Auch in der Einzeltherapie kann der Therapeut je nach Konfliktsituation unabhängig von Alter und Geschlecht in eine geschwisterliche Übertragungssituation verwickelt werden. Insofern ist es sehr bedeutsam, diesen Hintergrund wahrzunehmen und in der Behandlung zu berücksichtigen. Geschwistermärchen sind dabei oft eine entscheidende Hilfe, sei es um Ambivalenzen anzuerkennen oder Abhängigkeiten zu begreifen und über archetypische Muster aufzulösen.

3.5.1 Schwester und Bruder

Märchen »Brüderchen und Schwesterchen« (Brüder Grimm)

Das Märchen kennt die Verbundenheit von Geschwistern als eine Art Notgemeinschaft. Bezeichnend ist hierbei, dass bei Geschwistern unterschiedlichen Geschlechts in der Regel die Schwester die Rolle der Verantwortlichen und Fürsorgenden übernimmt. Dies mag in einer erzieherisch bedingten Anspruchshaltung seitens der Eltern begründet sein, könnte aber auch einer Veranlagung des Weiblichen entsprechen. Dieser Aspekt wird vor allem im Grimm'schen Märchen von »Brüderchen und Schwesterchen« (Grimm o. J., Bd. 1, S. 91–102) zum Ausdruck gebracht. Eine wichtige Rolle spielt in diesem Märchen die Tatsache, dass es zumindest einen Elternteil gibt, der negativ, sogar verfolgend die Geschwister bedroht. Das Schwesterchen, es hat keinen persönlichen Namen und mag damit den archetypischen Gehalt der Thematik unterstreichen, erahnt den bedrohlichen Aspekt des negativen Mutterarchetyps und versucht, den Bruder vor der Gefahr zu schützen. Die naive Bedürftigkeit des Jungen ist jedoch so groß, dass er die Befriedigung des Wunsches nur bedingt aufschieben kann. Die

3.5 Geschwister

Schwester wird über die Verwandlung des Bruders in ein Reh zwar nicht mehr direkt bedroht, sie muss jedoch lernen, den Bruder aus ihrer Fürsorge frei zu geben, ihm sein Eigenleben lassen. Über das Reh wird das Mädchen entdeckt und zur Königin gemacht. Der negative Mutteraspekt ist jedoch damit in seiner Wirksamkeit nicht ausgeschaltet. Als sie selbst Mutter wird, zeigt sich auch bei ihr noch eine gewisse Kindlichkeit, so dass sie der Mutter-Hexe ausgeliefert ist und in den vorbeifließenden Fluss geworfen wird.

Verantwortung prägt jedoch weiter ihre Haltung. Dies wird deutlich in dem Spruch mit den Worten: »Was macht mein Kind, was macht mein Reh?«, wenn sie in ihrer menschlichen Gestalt wiederkommt. Erst die Bewältigung der dunklen Mütterlichkeit über bewusste Ich-Entwicklung erlaubt reife Weiblichkeit. Das archetypische Thema ist der Spannungskonflikt zwischen Bindung und Abhängigkeit auf der einen, freie Selbstentfaltung zur Reife der eigenen geschlechtlichen Identität auf der anderen Seite. Dieser progressive Schritt ist immer mit Bedrohung durch die unentwickelten eigenen Triebimpulse verknüpft. Die Lösung ist nicht naive Gutgläubigkeit, sondern die Bereitschaft, das eigene Dunkel anzuerkennen, statt es auf die Umwelt zu projizieren. Diese Erkenntnis löst immer Angst aus. Diese anzunehmen und als positiven Impuls zur Veränderung in die eigene Lebensführung zu integrieren, mag die tiefer liegende Botschaft des Märchens sein.

Eine drahtige Vierjährige wurde mir vorgestellt, weil sie sich nicht in der Lage fühlte, zu schlucken. Diese Empfindung löste Panikattacken aus, gipfelnd in der Vorstellung, verhungern zu müssen. Sie hatte vor wenigen Wochen einen kleinen Bruder bekommen und schien vordergründig glücklich, ihn bemuttern zu dürfen. Sie half beim Windelwechsel, bewachte seinen Schlaf, rief die Mutter, wenn er weinte, insgesamt eine vorbildliche Schwester. Strahlend berichteten die Eltern, dass sie überhaupt nicht eifersüchtig sei und ihren kleinen Bruder über alles liebe. Und was konnte die Kleine nicht schlucken?

In der eingeleiteten Kurzzeittherapie entwickelte sie sich zu einem kleinen Monster. Sie warf in der Puppenstube die Kinder aus den

> *Betten, bespuckte die Mutterfigur und griff mich immer wieder tätlich an. Es war unschwer zu erkennen, dass sie die Aggression auf den Bruder, der nun im Mittelpunkt stand, ebenso ausagierte, wie die Enttäuschungswut an der Mutter, die für den Verlust ihres Prinzessinnenstatus verantwortlich war. An mir machte sie dieses negative Mutterbild in seiner ganzen archaischen Qualität fest. Alles, was ich sagte oder tat, war falsch. Schließlich verbot sie mir ganz, mich zu äußern. Ich sei eine ganz böse Hexe, die jetzt ins Gefängnis müsse und nie wieder frei käme. Zuhause beendete sie ihre Fürsorge für den Bruder und erkundigte sich stattdessen, warum die Eltern überhaupt noch ein Kind bekommen hätten, wo sie doch sie gehabt hätten. Neid, Eifersucht und Rivalität konnten von den Eltern, wenn auch nicht leicht, akzeptiert werden, so dass das Mädchen auf sein Symptom schnell verzichten konnte. Die Eltern verabschiedeten sich nach der Kurzzeittherapie mit den Worten: »Wir haben verstanden, dass unsere Tochter eine kleine »Ronja Räubertochter« sein darf und keine » Prinzessin auf der Erbse.«*
>
> *»Ein bisschen Prinzessin bleibt trotzdem übrig,« gab ich zurück, »aber in unserer Zeit brauchen wir kraftvolle Menschen, weibliche wie männliche, um die anstehenden Lebensaufgaben mit Freude bewältigen zu können.«*

3.5.2 Drei Schwestern

Geschwister gleichen Geschlechts haben oft andere Probleme. Trotzdem stößt man in vielen Märchen zentral auf das Thema Neid bis hin zu Tötungsfantasien oder Todeswünschen, ja sogar bis hin zur negativen Tat selbst.

Die Rivalität zwischen Schwestern ist ein häufiges Thema und findet in den Märchen vieler Länder seinen Niederschlag. Einmal sind es zwei Schwestern, von denen die eine von der Mutter deutlich bevorzugt, während die andere (Stief-) Tochter schlecht behandelt wird. Sind es drei Schwestern, haben wir in der Regel ein Bündnis von zwei Schwestern gegen eine, die als untergeordnetes Wesen dienen muss.

3.5 Geschwister

Märchen »Einäuglein, Zweiäuglein, Dreiäuglein« (Brüder Grimm)

Ich möchte stellvertretend das Grimm'sche Märchen von Einäuglein, Zweiäuglein und Dreiäuglein (Grimm o. J., Bd. 2, S. 253–264) in den Mittelpunkt stellen. Während die älteste und die jüngste Schwester mit einem beziehungsweise drei Augen etwas Besonderes zu sein scheinen, hassten sie im Einklang mit ihrer Mutter die mittlere Schwester: »Du mit deinen zwei Augen bist nicht besser als das gemeine Volk, du gehörst nicht zu uns«.

Zweiäuglein bekommt nur schlechte Kleider und wenig zu essen, so dass sie, während sie die Ziege auf die Weide bringt, vor Hunger weint. Eine weise Frau erscheint ihr und lehrt sie ein Sprüchlein, das sie mit gutem Essen versorgen soll. Die Ziege als mütterliches Symboltier, Urbild des guten und spendenden Prinzips, des kosmischen Friedens, vertritt dieses spendende Prinzip. Sie ist im Gegensatz zum Märchen vom »Tischlein deck dich« nicht das zickige, boshafte Tier, das den dunklen Gegenpol repräsentiert. Mit den magischen Worten »Zicklein meck, Tischlein deck« beschwört Zweiäuglein diesen guten, versorgenden Archetyp. Auf der anderen Seite kann es genauso verschwinden mit den Worten »Zicklein meck, Tischlein weg.«

Die Mutter und die neidischen Schwestern wollen das Rätsel der guten Ernährung Zweiäugleins lösen. Einäuglein begleitet als erste Zweiäuglein auf die Weide, wird aber mit einem magischen Singsang eingeschläfert: »Einäuglein wachst du, Einäuglein schläfst du«. In gleicher Weise versucht Zweiäuglein auch Dreiäuglein in den Schlaf zu singen, spricht aber in ihrer suggestiven Beschwörungsformel statt »Dreiäuglein schläfst du«, von Zweiäuglein. So kann das eine Auge den Zauber der Ernährung Zweiäugleins entdecken mit der Konsequenz, dass die Ziege getötet wird. Die weise Frau rät dem trostlosen Zweiäuglein, die Eingeweide der Ziege zu vergraben. Am nächsten Morgen steht an dieser Stelle ein Baum mit silbernen Blättern und goldenen Äpfeln. Nur Zweiäuglein ist allerdings in der Lage, die Äpfel zu pflücken; vor der Mutter wie vor den Schwestern wenden sich die Zweige ab. Als ein Ritter kommt und um einen Zweig bittet, können die Schwestern nichts erreichen, nur Zweiäuglein erweist sich als wahre Besitzerin, so dass der Ritter sie mit auf sein Schloss nimmt und heiratet. Auch der Baum verpflanzt sich an den neuen Aufenthaltsort Zweiäugleins.

Ein versöhnliches Ende der Geschwisterrivalität vollzieht sich durch das Verzeihen Zweiäugleins: Als einst zwei armselige Frauen bettelnd vor der Tür stehen, erkennt sie ihre Schwestern, sie »heißt sie willkommen, tut ihnen Gutes und pflegt sie, so dass die beiden von Herzen bereuen, was sie ihrer Schwester in der Jugend Böses angetan hatten.«

Das Märchen schildert eine Geschwisterrivalität, der wir auch im Alltag immer wieder begegnen. Eine mittlere hat in der Geschwisterreihe immer eine schwierige Position. Eine älteste ist immer die erste, eine jüngste immer das Nesthäkchen. Für die mittlere bleibt die Sandwichposition, wie es einmal ein Mädchen schilderte: »Bei Bedarf bin ich groß, meistens wenn es um Pflichten geht, bei Bedarf bin ich klein, vor allem wenn es um Rechte geht.« Im Märchen ist die Position Zweiäugleins deshalb so belastend, weil sie »so gewöhnlich ist, wie andere Leute«. Sie fällt nicht besonders auf, vielleicht weil sie als mittlere sehr angepasst ist und sich zunächst mit ihrer benachteiligten Rolle arrangiert hat. Sie trifft auf geheimnisvolle Weise, vielleicht weil sie ihren Schmerz nicht verdrängt, den guten sorgenden Mutteraspekt, einen Gegensatz zur kargen Realität. Unterstrichen wird diese positive Erfahrung durch die Ziege, die als liebevoll sorgendes Tier die gute Ernährung garantiert. Fühlte sich Zweiäuglein in dieser Geborgenheit zu sicher, so dass sie mit den magischen Sprüchen zu lässig umging? Ist es ein Hinweis darauf, dass es notwendig ist, wachsam zu bleiben im Umgang mit dem destruktiven Prinzip, das die Schwestern darstellen. Oder war Zweiäuglein zu vertrauensselig und musste noch einmal hautnah und leidvoll Lieblosigkeit erleiden, um sich dann gern aus der Primärsituation zu lösen und sich dem Ritter anzuvertrauen. Könnte das Märchen in seiner Gesamtheit darüber hinaus zeigen, dass, wenn das Männliche in einer Familie fehlt, das Weibliche in Dominanzgebaren ausufert? Es fehlt das Korrektiv, was innerfamiliär ein Gleichgewicht schafft. Das unbewusste Männliche in den Frauen entartet zur Rechthaberei, zum besser Wissen, zur Anmaßung, was im vergeblichen Versuch der Schwestern, die goldenen Äpfel zu ernten, versinnbildlicht wird. Zweiäuglein wird aus dieser Einseitigkeit durch den Ritter erlöst. Die goldenen Äpfel als Ausdruck der Beziehungsfähigkeit gehören zu ihr, nicht zu den Schwestern. Aber nach Zeiten der Reife kann sich auch bei den Schwestern etwas entwickeln, was einen Prozess der Versöhnung einleitet.

Eine Großmutter erzählte im Rahmen einer Familientherapie von ihrer sie prägenden familiären Situation. Sie war die mittlere von drei Schwestern, heiratete früh, fühlte sich jedoch innerhalb der Ehe zu einer dienenden Rolle verpflichtet. Nicht partnerschaftliche Beziehung unter dem Aspekt der Gleichwertigkeit war ihr ersehntes Ziel, sondern endlich und vor allem geliebt zu werden. Es bedeutete eine leidvolle Erkenntnis, dass sie vom Mann zwar gebraucht, aber nicht wirklich um ihrer selbst willen geliebt wurde. Bei der Trennung von ihrem Mann ereiferten sich die Schwestern, beide unverheiratet, wie man einen so netten Mann verlassen könne. Es sei der krasse Undank, aber typisch für eine Zeit, in der jeder nur nach seinem Vergnügen schaue. In einer neuen Partnerschaft gestaltete die Frau die Beziehung selbstbewusster, wenn sie auch bei ihren Kindern immer wieder dazu neigte, in die dienende, konfliktvermeidende Rolle ihrer frühen Geschwisterposition zu geraten.» Aber«, beschloss sie das Gespräch, »deshalb sind wir jetzt hier, denn meine Tochter musste sich wohl gegenteilig entwickeln, um sich von meiner Einseitigkeit abzugrenzen und meine Enkelin hält uns mit ihrer Aufsässigkeit den Spiegel vor. Vielleicht sollten Vater und Großvater mehr Raum bekommen, damit wir als weibliches Triumvirat nicht zu stark werden!«

Ich war beeindruckt von der Klarheit der alten Dame, die als »Altachtundsechzigerin« über eine sehr bewusste Erkenntnisfähigkeit verfügte.

3.5.3 Drei Brüder

Märchen »Die drei Federn« (Brüder Grimm)

Die Brüder Grimm haben in der Bearbeitung von Wilhelm Grimm 1854 das schöne Märchen von den »drei Federn« (Derungs 2010, S. 147–148) veröffentlicht. Hier geht es um die in vielen Märchen variierte Bruderthematik. Zwei ältere Brüder gebärden sich klug und überlegen, die sicheren Anwärter auf den väterlichen Thron, während der jüngste als Dümmling verlacht wird. In diesen sogenannten Dümmling-Märchen zeigt sich, dass der entwertete Jüngste zumeist der ist, der dank seiner Emotionalität und seinem Einfühlungsvermögen den Brüdern am Ende überlegen ist und den Sieg davon trägt oder die Krone gewinnt.

Ein alter König möchte sein Reich abgeben und bläst drei Federn in die Luft, denen die Brüder folgen sollen. Die beiden älteren Brüder ziehen nach Ost und West, die dritte Feder bleibt in unmittelbarer Nähe liegen, was den Brüdern Anlass gibt, über den Dümmling zu spotten. Dieser lässt sich traurig nieder, da bemerkt er, dass neben der Feder eine Falltür in die Tiefe führt. Er begegnet dort unten einer alten Kröte und bittet sie um einen Teppich, da der Überbringer des schönsten das Reich erben sollte. Wieder scheint ein magischer Spruch die Lösung zu erlauben: »Jungfer grün und klein, Hutzelbein, Hutzelbeins Hündchen hutzel hin und her, bring mir die große Schachtel« her. Die junge Kröte bringt eine Schachtel, in der ein fein gewobener Teppich liegt. Der Dümmling bedankt sich, geht an die Oberfläche und gewinnt gegenüber den Brüdern, die nur grobe Decken von einer Schäferin bringen. Sie bestechen jedoch den König so lange, bis er eine weitere Aufgabe stellt. Die Brüder sollen den schönsten Ring bringen. Die drei Federn werden in die Luft geblasen, die des Dummlings landet wieder bei der Falltür und er geht erneut in die Tiefe zu der alten Kröte. Über den magischen Spruch bekommt er den schönsten Ring und stellt die Brüder, die mit einem lieblosen Wagenrad kommen, wieder in den Schatten. Doch noch ein drittes Mal muss sich der Dümmling bewähren, indem der König die Aufgabe stellt, die schönste Frau zu bringen. Die alte Kröte fordert ihn auf in eine ausgehöhlte gelbe Rübe, der sechs Mäuse vorgespannt sind, eine der kleinen Kröten hineinzusetzen. Daraus wird eine Kutsche mit sechs Pferden und das schönste Mädchen. Die missgünstigen Brüder bringen nur zwei grobe Bäuerinnen. Die Frauen bekommen die Aufgabe, durch einen an der Decke befestigten Ring zu springen. Die plumpen Bauersfrauen brechen sich dabei Arme und Beine, während das zierliche Mädchen siegt. Nun ist aller Widerstand hinfällig. Der jüngste Sohn bekommt das Reich und »hat lange in Weisheit regiert«.

3.5 Geschwister

Zwei Brüder, klug und überlegen, verspotten ihren jüngsten Bruder, weil die Feder des alten Königs, die für ihn bestimmt ist so gar keinen Höhenflug macht. Die Feder galt im Alten Ägypten als Symbol für Gerechtigkeit, für das Angemessene, die beim Totengericht eine wichtige Rolle spielte. Sie steht für die Wahrheit, die ans Licht kommen muss, für die Seele oder Seelenkräfte und das geistige Prinzip (Cooper 1986, S. 53). Damit wird bereits angedeutet, dass der Gang durch die Falltür in die Tiefe etwas mit der Wertschätzung irrationaler Kräfte zu tun hat. Die Kröte, der der Königssohn in der Tiefe begegnet, gehört in den archaischen Raum und vertritt positive wie negative Aspekte. Sie steht für Sexualität und damit für das Leben, sie symbolisiert den Glauben an ein Weiterleben nach dem Tod und vertritt damit den ewigen Kreislauf von Leben und Tod. Sie repräsentiert die Kräfte des Unbewussten, die aber noch veredelt und gewandelt werden müssen. Nicht umsonst redet man auch bei kleinen Kindern von Kröten (Zerling & Bauer 2003, S. 173)

In einem dreimaligen Anlauf geht es also subjektstufig für den Dümmling um Wandlung und Neuwerdung. Die Siegesgewissheit der beiden älteren Brüder vertraut auf die Scheinüberlegenheit der Rationalität. So nah, wie es die Feder zeigt, kann doch das Gesuchte nicht sein!

> »... wir würden darüber erstaunen, wie nahe uns so manche Belehrung, so manche Ergötzung liegt, die wir in einer weiten, mühsamen Ferne suchen. Das wunderbare Utopien liegt oft dicht vor unseren Füßen, aber wir sehen mit unseren Teleskopen darüber hinweg.« (Tieck in Safranski 2015, S. 52)

Das Vertrauen auf den helfenden Zufall, das, was einem zufällt, wenn man auf die Kräfte des Unbewussten vertraut, ermöglicht dem Dümmling in der Tiefe Werte zu entdecken, die dem naiven Realitätsglauben der Brüder überlegen sind. In ihrer Missachtung des Jüngsten zeigt sich eine Einseitigkeit, die im Symbol der Kleider unschön, in Gestalt der beiden Frauen plump und unbeweglich erscheint. Im Vertrauen auf die Werte aus der Tiefe, über ihre Integration, selbst wenn sie sich zunächst unansehnlich geben, gewinnt der Dümmling die Königswürde und wird weise. Weisheit ist nicht Klugheit, sondern erfahrenes inneres Wissen, oft erst über Leid und Schmerz gewonnen.

Gelegentlich versuche ich diese Weisheitssprache der Märchen in den Therapien zu nutzen. Weil Kinder die archetypische Botschaft

3 Die Bedeutung der Märchen in der psychodynamischen Psychotherapie

ohne erklärenden Kommentar verstehen, vertraue ich auf die heilende Wirksamkeit während des knappen, aber bezogenen Erzählens. Bei jüngeren Kindern hat sich auch bewehrt, das Märchen mit Hilfe von Kasperpuppen nachzuspielen, beziehungsweise die Kinder frei agieren zu lassen. Ganz häufig offenbart sich in der spontanen Verlagerung der Schwerpunkte das eigentliche Konfliktpotenzial.

Ein Neunjähriger erzählte mir verzweifelt davon, dass er seinen älteren Geschwistern, die das Gymnasium besuchten, nicht gewachsen sei. Seine älteste Schwester und der zwölfjährige Bruder nannten ihn nur »das arme Sperrmüllkind«.»Damit meinen sie nicht, dass ich dort Schätze finde, was wirklich manchmal so ist, sondern dass ich selbst auf den Sperrmüll gehöre, weil ich nicht so klug bin wie sie und nur die Realschule besuche.«
Ich erzählte ihm das Märchen von den drei Federn. Dabei nahm er spielerisch eine Handpuppe, die einen strengen König vorstellte, in die Hand und murmelte vor sich hin.»Ob der das eigentlich begreift, was die Brüder denken und wie toll sie sich fühlen?« Dann meinte er zögernd, es würde ja wohl immer lange dauern, bis man belohnt würde. Das vordergründig einzige Resultat war, dass sich nach dem Märchen die Stimmung etwas hob und der Junge aus dem Gefühl der Trauer, sich einsam und verlassen zu fühlen, ein wenig auftauchte. Im Laufe der Therapie wurde er deutlich selbstbewusster, wagte sich zunehmend aggressiv abzugrenzen und auch mir gegenüber einen eigenen Standpunkt zu vertreten. Zu meiner großen Überraschung verkündete er eines Tages, dass er aufs Gymnasium übergewechselt habe und sich dort richtig gut fühle. Mit einem spitzbübischen Lächeln fügte er hinzu:»Ich habe ihnen nie erzählt, dass es mir in der Schule immer besser ging, sie hätten dann nur so psychologisch geantwortet. Aber ich habe ihr Märchen nicht vergessen. Und sie haben damals gesagt, dass es Zeit braucht. Ich werde das alles immer besser schaffen,« schloss er mit einer großen Handbewegung.»Und jetzt könnten wir eigentlich wieder mal ›Mensch ärgere dich nicht‹ spielen!«

3.5 Geschwister

Märchen »Die drei Brüder« (Brüder Grimm)

Nicht immer gibt es im Zusammensein von drei Brüdern negative Spannungen. Auch positive und bezogene Konstellationen sind möglich. Das beweist das Märchen von den »Drei Brüdern« (Grimm, Bd. 2, S. 219–221).

Ein Vater wollte demjenigen Sohn sein Haus vererben, der sein Handwerk am geschicktesten ausführte. Während der erste Hufschmied und der zweite Barbier wird, ging der dritte zu einem Fechtmeister in die Lehre.

Nach der gesetzten Zeit trafen sie wieder zuhause ein und demonstrierten ihrem Vater ihr Können. Der Barbier seifte im vollen Lauf einen Hasen ein und rasierte ihm ein Stutzbärtchen ohne ihn ein einziges Mal zu verletzen. Der Hufschmied entdeckte einen Wagen, von einem Pferd in größter Schnelligkeit gezogen. Er sprang ihm hinterher, schlug dem Pferd die alten Hufe ab und schlug ihm vier neue an. Der Fechtmeister schließlich zog, als es anfing zu regnen, seinen Degen und ließ ihn kreisen, so dass er nicht nass wurde. Je stärker es regnete, desto schneller schwang er den Degen, so dass er, selbst als es wie aus Kübeln goss, ganz trocken blieb. Ihm wurde als Sieger seitens des Vaters das Haus zuerkannt. Weil sich die drei Brüder jedoch so wertschätzten, blieben sie zu dritt im Haus und übten ihr Handwerk erfolgreich aus. Als der eine starb, grämten sich die beiden anderen so sehr, dass auch sie krank wurden und starben. So legte man sie gemeinsam in ein Grab, weil sie sich so verbunden gefühlt hatten.

Zwei 16-Jährige, in der gleichen Klasse, beide hochbegabt, hatten ein massives Rivalitätsproblem. Jeder erlebte den anderen als überlegen und versuchte ihn zu toppen. Vordergründig zeigten sie ihre Rivalität nicht, sondern trugen beide die Maske demonstrativer Coolness.

Beide verständigten sich dahingehend, gemeinsam zu mir zum Gespräch zu kommen. Ich war sehr beeindruckt, wie offen sie über ihr Gefühl subjektiver Unterlegenheit sprechen konnten. »Wir müssen das zwischen uns lösen, sonst werden wir immer im Leben jemanden finden, mit dem wir dieses Problem haben und auf diese

Weise lebenslang unglücklich sein«. Sie konnten feststellen, dass es ihr überhöhter Eigenanspruch war, dem sie nachkommen wollten, um »einsame Spitze« zu sein. Nach dem ersten Gespräch verabschiedeten sie sich mit der offenen Frage, ob sie auf diesen Überanspruch verzichten wollten. Beide konnten feststellen, dass sie darüber ein Selbstwertgefühl stabilisierten, über das sie sonst nicht verfügten. Sie berichteten im Hinausgehen, dass ihre Lehrer schon gesagt hätten, sie sollten doch ihre Kräfte bündeln, um dadurch außergewöhnlich zu sein. Ich versprach ihnen für die nächste Stunde ein Märchen, ein Lösungsangebot aus dem Bauch, nicht aus ihren gescheiten Köpfen. Dabei dachte ich an das Märchen von den drei Brüdern ...
Es hat sich gelohnt!

Zusammenfassung

Ambivalenz ist das beherrschende Thema von Geschwistern untereinander. Es besteht über die gemeinsame Geschichte und die Eltern zwar ein starkes gemeinsames Band, aber Geschwister sind naturgemäß Konkurrenten hinsichtlich der elterlichen Liebe. Die Umwelt verlangt geschwisterliche Verbundenheit, so muss der negative Affekt häufig unterdrückt werden und bricht dann in Entwertungen, Lächerlichmachen oder brutaler Aggression durch. Es gibt aber auch Fürsorge und Verbundenheit, vor allem dann, wenn ein Elternteil fehlt oder negativ wirksam ist. Wenn Eltern in der Lage sind, ihre Kinder aller Alters- und Entwicklungsstufen gleichwertig zu sehen, ohne ihre Unterschiedlichkeit auszuklammern, kann sich auch eine positive »Verbrüderung« ereignen.

Literatur zur vertiefenden Lektüre

Märchen »Ederland, die Hühnermagd« (dänisch, in Lüthi 1951, S. 12).
Märchen Das Zauberross (finnisch, Löwis of Menar 1962,S. 5).
Märchen »Der goldene Vogel« (Brüder Grimm in Lutz 2012, S. 85).

Weiterführende Fragen

- In verschiedenen Ländern und Kulturkreisen tauchen die gleichen Themen auf. Oft wurde behauptet, die Menschen hätten voneinander abgeschrieben. Welche psychologische Erklärung finden wir bei C. G. Jung?
- Das Thema Rivalität wird in den Märchen häufig beschrieben. Gibt es geschlechtsspezifische Unterschiede?
- Gibt es auch in Märchen das Phänomen, dass ein Aggressionskonflikt unter Geschwistern dominiert, wenn er bei den Eltern oder in der Primärfamilie nicht ausgetragen wurde?

3.6 Polarität im Märchen

Märchen sind in ihrer Vielschichtigkeit Abbild des Lebens. Die unterschiedlichsten Emotionen stehen im Mittelpunkt, jedoch nie in einer Einseitigkeit, sondern immer auch unter dem Aspekt eines ausgleichenden Gegenpols. Darum endet jede Verwicklung in Entwicklung. Ein positives Ende vermittelt Hoffnung und unterstreicht Lebenskraft auch in Todesbedrohung. Mag die Konfliktsituation noch so aussichtslos erscheinen, es eröffnet sich immer eine Perspektive, die zur Lösung führt und damit aus der Einseitigkeit erlöst.

3.6.1 Angst und Zuversicht

Märchen »Die kluge Else« (Brüder Grimm)

Es gibt nur wenige Märchen, die zwar einen positiven Schluss erahnen, ihn jedoch nicht unbedingt zur Gewissheit werden lassen. Das ist in der Auseinandersetzung mit dem Thema Angst nicht selten der Fall. Die Zuversicht, die als gefühlte Voraussetzung notwendig ist, um die Angst zu bewältigen, geht oft verloren, Held oder Heldin bleiben in der angstvollen Erstarrung. Ein bezeichnendes Märchen ist das von der »klugen Else« (Lutz 1988, S. 34–39).

Die kluge Else, die so klug war, dass sie »den Wind auf den Gassen laufen« sah, sollte in der Überzeugung der Eltern auch einen klugen Mann heiraten. Schließlich fanden sie einen namens Hans und feierten ein Fest. Als das Bier ausging, lief die kluge Else in den Keller, um Bier zu zapfen, aber kam nicht wieder. Ein Gast nach dem anderen verließ ebenfalls die Tafel, um den Keller aufzusuchen. Als Hans allein übrig blieb, ging auch er hinunter und fand die ganze Gesellschaft weinend und klagend vor. Als er die kluge Else nach dem Grund fragte, erklärte sie, dass oben an der Decke eine Spitzhacke hinge, die die Maurer wahrscheinlich dort vergessen hätten. Sie habe sich überlegt, dass wenn sie sich denn heiraten würden, einen Sohn bekämen, der bei einem Fest in den Keller gehen würde, um Bier zu zapfen und ihm dann die Spitzhacke auf den Kopf fallen würde, was das doch für ein Unglück wäre. Darum müsse sie so schrecklich weinen.

Es wäre in der Tat ein schreckliches Unglück. Die kluge Else in ihrer Angstproblematik lässt aber außer Acht, dass es eine Reihe von Alternativen gäbe, das angstvoll erwartete Ereignis im Bereich der Möglichkeit zu belassen und nicht als eintreffende Realität zu bewerten. Sie könnte abwarten, ob sie tatsächlich heiraten und Kinder bekommen würden. Sie könnte jetzt handeln und die Hacke entfernen, sie könnte darauf vertrauen, dass etwas, was so lange an der Decke hängt, nicht plötzlich herunter fällt. Solche nüchternen Gedanken, die sich an Realität und Wahrscheinlichkeit orientieren, helfen in einer Paniksituation jedoch selten.

Ähnlich ist es, wenn wir ein Kind in seinem Angsterleben versuchen mit den Worten zu trösten: »Du brauchst doch keine Angst zu haben«. Die Angst fragt nicht primär, ob sie gewollt ist oder gebraucht wird, sondern sie ist da und will bewältigt werden. Kinder und Jugendliche brauchen den realen oder symbolischen Arm, der Halt gebend begleitet. Wir müssen uns in gleicher Weise der Angstsituation einerseits aussetzen, zum anderen jedoch mit einem Bein außerhalb stehen, um die Angst zwar anzuerkennen, sie aber gleichermaßen auch unterstutzend zu bewältigen.

3.6 Polarität im Märchen

Märchen »Von einem, der auszog, das Fürchten zu lernen«
(Brüder Grimm)

Ein schönes Beispiel, Ängste durch Unbekümmertheit in den Griff zu bekommen, ist das Märchen »von einem der auszog das Fürchten zu lernen« (Grimm o. J., Bd. 1, S. 37–57). Situationen, die normalerweise gefährlich erscheinen und ängstigen, relativiert der Junge mit einer – für Kinder häufigen – erheiternden Gelassenheit. Sei es der Umgang mit einem Gespenst, seien es gräuliche Katzen im verzauberten Schloss oder bedrohliche Gestalten, die dem Jungen ans Leben wollen. Trotzdem lernt auch er das Gefühl von Angst bei sich anzuerkennen. Als er mit einem Eimer mit Grünlingen übergossen wird, kann er endlich aussprechen, dass es ihn gruselt.

Jeder Mensch hat seine Ängste. Sie mögen sich unterscheiden. Trotzdem bleibt ein Grundgefühl, das bereits in der Bibel nachzulesen ist: »In der Welt habt ihr Angst«. Unsere erzieherische beziehungsweise therapeutische Aufgabe ist es nicht, einem Patienten die Angst auszureden oder ihn gewaltsam damit zu konfrontieren in der Hoffnung, dass sich die Panik durch Gewöhnung relativiert. Analytisch-therapeutische Haltung ist, mich in das Angstsyndrom mit hineinzubegeben und es damit zunächst anzuerkennen in seiner Bedrohlichkeit und Gefahr. Die andere Seite ist, Zuversicht zu wecken, das Vertrauen in die eigenen Kräfte, die erlauben, sich aktiv den Gefahren zu stellen in der Überzeugung, nicht umzukommen. Dieser Mut zur Aktivität weckt zusätzliche Kräfte, die vielleicht bisher, von der Angst verdeckt, dem Kind oder Jugendlichen nicht zugänglich waren. Diese Kräfte werden im Märchen oft auf zusätzliche Personen, manchmal auf Diener verlagert. Diese Möglichkeiten als vitale Ressourcen zu erkennen und dem Bewusstsein anzugliedern ist die beste Strategie, um mit Angst und dahinter verborgenen Selbstzweifeln umzugehen und Zuversicht und Selbstvertrauen Raum zu geben. (Lutz 1988, S. 50)

3.6.2 Einsamkeit und Sehnsucht nach Verbundenheit

Märchen »Die zwei Schreine« (schwedisch)

Im Märchen von den beiden Schreinen (Schier 1998, S. 68) wird das »Frau Holle«-Thema variiert. Wieder wird ein Schwesternpaar geschildert, die eine von der Mutter geliebt, die andere gehasst. Und wieder fehlt das Männliche in Gestalt des Vaters.

Als beide Schwestern am Brunnenrand saßen und spannen, wurde die freundliche, fleißige Tochter in den Brunnen gestoßen. Sie begegnete in der anderen Welt ebenfalls einem Apfelbaum, der sie einlud, so viel zu essen, wie sie wolle, aber nichts mitzunehmen. In gleicher Weise sollte sie bei der Kuh Milch trinken, den Rest aber jener über die Hufe gießen und den Eimer wieder an das Horn der Kuh hängen. Als Belohnung für den Dienst bei einer alten Frau hatte sie die Wahl zwischen einem blauen und einem roten Schrein. Eine Katze riet ihr zum blauen und sie befolgte auch diesmal den Rat. Wieder zuhause zeigte der Schrein sich als Behälter für eine Menge Gold und Schmuck. Die geliebte Tochter sprang in Erwartung des gleichen Lohns ebenfalls in den Brunnen. Voll Gier aß sie eine Menge Äpfel »bis sie Bauchweh hatte« und nahm noch eine Menge mit. In gleicher Weise trank sie maßlos Milch und schleuderte den Eimer mitsamt dem Rest von sich. Als Lohn für ihre Arbeit wählte sie entgegen des Katzenrates den roten Schrein. Dieser enthielt Feuer, das Mutter und Tochter verzehrte.

Der Gehalt ist offensichtlich: Während die ungeliebte Tochter maßvoll mit Äpfeln und Milch umgeht und auf die innere Stimme in Gestalt der Katze, eines weiblichen klugen Symboltieres mit überlieferter Weissagekunst hört, demonstriert die geliebte Tochter eine falsch verstandene Autonomie. Ihr Widerstand gegen die Ratschläge ist der einer verwöhnten Tochter, die nur an die Befriedigung eigener Bedürfnisse denkt. Folgerichtig wählt sie den roten Schrein als Symbol für eine von Willkür bestimmte Aggressivität und kommt in einer autodestruktiven Reaktionsbildung mitsamt der Mutter als Verursacherin der Problematik darin um. Die beiden Schwestern demonstrieren in einer gewissen Einseitigkeit die Einsamkeit. Ist die positiv geschilderte Schwester einsam angesichts fehlender Akzeptanz, ist die negative zwar vordergründig mit der Mutter verbunden, aber ihren maßlosen Triebbedürfnissen in Hilflosigkeit als anderer Form der Einsamkeit ausgeliefert. Unterwürfige Abhängigkeit ist jedoch ebenso wenig geeignet, echte Verbundenheit zu ermöglichen, wie rücksichtslose Egomanie. Insofern ist es das Ziel, auch mit den Wünschen nach Verbundenheit selbstkritisch umzugehen. Anpassung ohne Maß ist ebenso gefährlich wie Protest um des Protestes willen.

So schildert das Märchen zwei Erziehungsstile, die Vergangenheit und aktuelle Gegenwart charakterisieren. Wurde früher in der autoritären Erziehung der Hauptakzent auf Gehorsam ohne kritische Prüfung gelegt, ist der heute überwiegend praktizierte Erziehungsstil gewährend. Das Kind selbst ist Maßstab aller Dinge und damit den eigenen Triebbedürfnissen ohne Struktur und Grenze ausgeliefert. Damit ein inneres Gleichgewicht entsteht, ist die triangulierende Funktion des Vaters einerseits, der Einklang zwischen Selbstbestimmung und Akzeptanz einer Autorität andererseits existenziell notwendig.

So kann das Märchen helfen, zwischen beiden erzieherischen Haltungen erneut das richtige Maß zu finden und im Abgleichen mit dem eigenen Gewordensein, den eigenen Gefühlen das individuell Passende zu finden.

Ein Vater, griechischstämmig, sagte mir nach einem Gespräch abschließend: Ich höre mir gern an, was sie sagen. Zuhause überdenke ich es und was mit meinem Gefühl übereinstimmt, übernehme ich.« »Und was nicht passt, vergessen sie«, setzte ich fort. Er lachte bestätigend und meinte: »Da haben sie anders reagiert, als meine Mutter es getan hätte.« Eine korrigierende Neuerfahrung, die zu Autonomie, statt zur Abhängigkeit ermunterte?

3.6.3 Depression und Aggression

Märchen »Die drei Männlein im Walde« (Brüder Grimm)

Im Märchen »die drei Männlein im Walde« (Derungs 2010, S. 93–95) geht es wieder um eine Stiefmutter, die ihre eigene Tochter, die »hässlich und widerlich« war, mehr liebte als die Stieftochter, die als »schön und lieblich« beschrieben wurde.

Nach einem scheinheiligen Anfang zeigte die (Stief-) Mutter ihr wahres Gesicht. Der Stieftochter gab sie ein Kleid aus Papier und befahl ihr mitten im Winter, ein Körbchen Erdbeeren zu suchen. Sie gab dem Mädchen noch ein Stück hartes Brot und hoffte, es möge im Wald erfrieren und verhungern.

Im Wald trifft das Mädchen drei »Haulemännerchen«, die aus dem Fenster eines Häuschens schauen. Das Mädchen wärmt sich bei ihnen, teilt ihr Brot und wird beauftragt, hinter dem Häuschen den Schnee wegzukehren. Während es draußen ist, beschließen die Männlein, dass es jeden Tag schöner werden, bei jedem Wort, das es spräche, ein Goldstück aus dem Mund fallen und es eines Tages einen König heiraten solle.

Das Mädchen findet tatsächlich unter dem Schnee Erdbeeren, bedankt sich bei den Haulemännerchen und kehrt nach Hause zurück. Es bewahrheitet sich der Wunsch der Männlein: bei jedem Wort ihrer Erzählung springt ihr ein Goldstück aus dem Mund. Die neidische Schwester ruht nicht eher, bis die Mutter ihr einen Pelzmantel näht und sie mit Butterbrot und Kuchen gut ausstattet, um die Haulermännerchen aufzusuchen. Dort isst sie ihre Vorräte allein, ohne auf die Bitte der Männlein, ihnen etwas abzugeben, zu reagieren. Auch den Schnee will sie nicht wegkehren, so dass die Männlein ihr drei negative Wünsche nachschicken: Zum einen soll sie jeden Tag hässlicher werden, zum zweiten möge ihr bei jedem Wort eine Kröte aus dem Mund springen und sie schließlich eines elenden Todes sterben.

Die Ausgangslage scheint verzweifelt. Ein offensichtlich ferner Vater, eine böswillige Stiefmutter und eine missgünstige Schwester. Die eigentlich nicht erfüllbare Aufgabe, Erdbeeren im Schnee zu finden, die tödliche Kälte eines Wintertages in einem Papierkleid, die ungenügende Ernährung reichen aus, das Mädchen in Verzweiflung zu stürzen. Trotzdem bleibt sie beziehungsfähig und kann einen freundlichen Kontakt zu den drei Männlein herstellen, die möglicherweise als Stimmen des Unbewussten zu interpretieren sind. Sie vermitteln ihr Zuversicht, so dass sie die scheinbar unlösbare Aufgabe bewältigen und über den Glauben an sich Schönheit, Wert und Würde gewinnt. Voraussetzung dafür ist die Aktivität. Aus der Depression findet man nicht heraus, wenn man passiv den eigenen Opferstatus umkreist.

Die andere Tochter repräsentiert eine gegenteilige Haltung: Vordergründig geliebt und gut versorgt verharrt sie jedoch in einer Anspruchshaltung, hinter der sich letztlich eine depressive Grundstruktur verbirgt. Sie kann sich darum nicht zu einer positiven Aktivität entschließen, sondern verharrt in der selbstbezogenen Vorwurfshaltung. So konstelliert sich in den Wünschen der Männlein der negative Aspekt des Mütterlichen. Hässlich leitet sich etymologisch von hassenswert ab, das bedeutet, dass dieses Mädchen sich nicht selbst akzeptieren kann. Die Kröte in ihrer negativen Ausformung gehört zu den negativen Elementarwesen der Erde. Im Mittelalter vertrat sie alle Schattenaspekte des Menschen wie Gier, Geiz, Neid und Hochmut. In der Kommunikation mit der Schwester ebenso wie mit den Haulemännlein vertritt sie deutlich diese Aspekte, so dass die Kröte, die ihr anschließend bei jedem Wort aus dem Mund springt, einen tief symbolischen Gehalt hat.

Ein Hasser ist ein Selbsthasser – ein destruktiv, aggressiv Agierender ist in Gefahr, sich selbst mit zu vernichten. So lädt das Märchen zum Nachdenken ein. Depression löst sich nicht von selbst auf, sondern verlangt Tatkraft. Andernfalls bleibt man im Sumpf des Selbstmitleides stecken. Aggression will, als dynamische Kraft eingesetzt, progressive Entwicklung unterstützen. Böse Wünsche und ein Vernichtungswille haben noch nie etwas Positives zuwege gebracht.

Sehr betroffen hat mich in diesem Zusammenhang der Ausspruch eines 17-Jährigen gemacht, als wir uns dem Thema Aggression anhand seiner Bilder aus dem Unbewussten näherten. »Lieben, sich selbst lieben, was soll das sein? Ich mag niemanden, mich am allerwenigsten. Ich wäre froh, ich hätte den Mut, mich selbst zu töten, aber vorher nehme ich andere mit!«

Moralische, wertende Äußerungen waren hier nicht am Platz. Erschrecken, die Vertrauensebene entziehen und in dem jungen Mann einen potenziellen Amokläufer zu sehen, noch viel weniger. So fragte ich ihn, ob ich ihm ein Märchen erzählen dürfe. Zunächst zuckte er desinteressiert die Achseln »Wenn sie unbedingt wollen«, dann spürte ich seine Betroffenheit, obwohl er das Märchen vordergrün-

dig als »Weiberthema« abtat. In der Folge wurde es möglich, auf seine Kindheit zurückzublicken und seine Erfahrungen einer mangelnder Wärme, Nähe und Akzeptanz wahrzunehmen. »Ich habe immer gefroren und hatte immer Untergewicht. Ich hatte immer das Gefühl, mir mein Essen verdienen zu müssen.« Sich selbst als gute Mutter an die Hand zu nehmen und sich um sich selbst fürsorglich zu kümmern, das führte ihn allmählich aus der depressiven Stimmungslage, in der weder er noch die Welt einen Wert hatten, heraus. Aber es war ein langer Weg!

3.6.4 Gefährdung und Errettung

Märchen »Der begrabene Mond« (englisch)

Das englische Märchen vom »begrabenen Mond« (Ehrenteich 1938, S. 65) macht den Mond zur Hauptfigur. Er ist der positive, liebevolle Gegenspieler von Kobolden und böswilligen Moorgeistern. Obwohl er auf seinem Gang durch das Moor von einem knorrigen Baum festgehalten wird, errettet er einen verirrten Fußgänger mit seinem Licht. Dann wird er von den finsteren Geistern jedoch ins Wasser versenkt und ein Stein über ihn gelegt. Die Menschen warten vergeblich auf sein Leuchten, er ist unter dem Stein lebendig begraben. Mit Hilfe einer weisen Frau und des vor langer Zeit geretteten Mannes finden sie den Stein, der die Form eines Sarges hat, unter einem Kreuz, womit der knorrige Baum mit seinen ausgebreiteten Ästen gemeint ist. Mit aller Kraft befreien sie den Mond, so dass er Sekunden später wieder als Vollmond am Himmel glänzt.

Es ist die Geschichte eines Wesens, das in Hilfsbereitschaft wie in einer Falle eingefangen wird und schuldlos seines Lichtes, seiner Freiheit und letztlich seiner Menschenfreundlichkeit verlustig geht. Welche Botschaft könnte dahinter verborgen sein?

Die Phasen des zunehmenden, abnehmenden und wieder erscheinenden Mondes symbolisieren Unsterblichkeit. In der fortwährenden Erneuerung vermittelt er den Eindruck der Unsterblichkeit. Er ist der geistige Aspekt in der Finsternis, Ausdruck intuitiver Erkenntnis (Cooper 1986, S. 121).

Lässt sich das auch auf den Menschen übertragen? Ich habe es als wesentlichen Hinweis vor allem für den therapeutischen Alltag verstanden. Die eigene Bereitschaft, unterstützend, helfend zur Verfügung zu stehen, darf nicht so weit gehen, das ich mich in das Kreuz des Mitleidens so verstricke, dass ich nicht mehr zu mir selbst finde. Eine solche Überidentifikation führt zwangsläufig in die Gefährdung, wenn nicht gar in den Verlust der eigenen Identität. Damit wird man zum eigenen Totengräber. Selbstreflexion und heilsame Distanz ist ebenso notwendig wie bezogene Anteilnahme. Gerade die Intuition kann zum selbstgefährdenden Morast werden, in dem man untergeht.

Ein 14-Jähriger beschloss eines Tages, dass ich inzwischen lange genug gelebt habe. Er malte mein Grab mit Grabstein und vermerkte darauf mein Todesdatum. Ich schaute mir die Zeichnung betroffen an und stellte fest, dass das Gesamte von Grab und Grabstein einem aufgeklappten Handy glich. Daraus schloss ich auf seine Beziehungssehnsucht, aber auch sein Bedürfnis, Abstand zu halten, denn mit einem Handy verschickt man Botschaften ohne zu nahe Berührung. Ich versuchte diese Symbolik vorsichtig zu vermitteln. Er bejahte etwas zögerlich, um dann sehr energisch fortzufahren: »Das gilt aber mindestens so sehr für sie, sonst sind sie tatsächlich demnächst tot. Zu viel Nähe kann kaputt machen!«

Inzwischen habe ich meinen Todestag um mehr als ein Jahr überlebt, zu unser beider Erleichterung. Aber ich habe mich bei dem Jugendlichen sehr für seinen lebenserhaltenden Hinweis bedankt und in kurzen Worten auf die Parallele zum Mondmärchen hingewiesen. Ich versicherte ihm, seine rettende Botschaft im Bewusstsein zu behalten. »Dann machen sie weiter, bis sie 120 Jahre sind«, war sein abschließender Kommentar.

3.6.5 Verkanntsein im Wert, Erkanntwerden in Würde

Märchen »Binsenkappe« (englisch)

Im englischen Märchen »Binsenkappe« (Ehrenteich 1938, S. 75) geht es darum, von seiner Umwelt im eigenen Wert wahrgenommen zu werden. Ein sehr reicher Vater fragte seine drei Töchter, wie lieb sie ihn hätten. Mit der Antwort der beiden ersten »so sehr wie mein Leben« und »mehr als die ganze Welt« fühlte er sich sehr wertgeschätzt. Als die dritte jedoch sagte: »Ich liebe dich so, wie frisches Fleisch nach Salz verlangt«, wurde er so erbost, dass er sie aus dem Haus jagte. Das Mädchen machte sich in der Ferne ein Kleid und eine Kopfbedeckung aus Binsen, so dass sie auf diese Weise ihre prachtvolle Kleidung verbergen konnte. Sie bewarb sich dann in einem Haus als Dienstmagd, wusch Schüsseln ab und reinigte Kochtöpfe. Dreimal wurde sie aufgefordert als Binsenkappe an einem Ball teilzunehmen. Sie entschuldigte sich mit Müdigkeit, ging jedoch dreimal heimlich in ihrer wahren Gestalt dorthin, so dass sich der Sohn des Meisters unsterblich in sie verliebte. Beim dritten Mal schenkte er ihr einen Ring. Als Binsenkappe für den liebeskranken Sohn des Meisters einen Haferbrei kochte, gab sie den Ring hinein. Auf diese Weise wurde sie als die schöne Tänzerin entdeckt und die Hochzeit beschlossen. Zum Fest wurde auch der Vater des Mädchens eingeladen, jedoch wurden ihm alle Speisen ungesalzen vorgelegt. Unter Tränen erkannte er den Wert der Liebe seiner jüngsten Tochter, die sich ihm am Schluss zu erkennen gab. »Und so blieben sie glücklich allezeit.«

Ein archetypisches Thema charakterisiert die Anfangssituation: Eine Aussage, die wertschätzend gemeint ist, wird als solche nicht verstanden und ruft als Reaktion das Gegenteil von dem hervor, was erwartet wird. Sich so verkannt zu wissen, mag einen emotionalen Rückzug bedingen. Das schöne Mädchen verpuppt sich mit Hilfe der Binsen. Es könnte eine notwendige Interimszeit sein, um sich von der Liebe zum Vater und einer zu vermutenden engen Bindung abzulösen und für eine Partnerschaft frei zu werden. Schüsseln spülen und Kochtöpfe reinigen mag diesen Prozess von der Symbolik her unterstreichen. Es sind Gefäße, die einen Inhalt aufnehmen. Ihr sauberer Zustand ermöglicht erst einen wirklichen Genuss des Gerichtes. Binsenkappe entschuldigt dreimal ihr Fernbleiben vom Tanz mit ihrer Müdigkeit. Schlaf gehörte bereits in alten Initiationsriten zur heilenden Interimsphase, um für einen neuen Seinszustand bereit zu sein. Ebenso galt der sogenannte Heilschlaf in der Antike als wichtiges Therapeutikum auf dem Weg zur Selbsterkenntnis. Haferbrei als Grundnahrungsmittel transportiert den Schlüssel zur Erkenntnis des wahren Wertes seitens des künftigen Bräutigams. Seine Liebeskrankheit kann auch als notwendige Regression verstanden werden, um reif zu sein für eine Liebe, die in der schönen Tänzerin die raue Binsenkappe und in jener wiederum die faszinierende Tänzerin erkennt. Die Trauer des Vater schließlich, als er über das fehlende Salz den Wert der großen Liebe seine Tochter entdeckt, gilt auch dem Verlust. Eine Tochter ist nur auf Zeit, nicht auf Ewigkeit Papas Prinzessin. Und der Vater hatte unbewusst den Verzicht inszeniert, letztlich zum Heil aller.

Eine Sechsjährige wurde in der Regel vom Vater zur Therapie gebracht. Er verabschiedete sich immer mit einem augenzwinkernden »sei schön unanständig.« Das Mädchen befolgte die Ermutigung des Vaters und probierte bei mir alle Unanständigkeiten aus.» Der Papa hat gemeint, man darf bei dir furzen und rülpsen und alle Ausdrücke sagen, die man weiß.« Ich schlug vor, dass wir ja einmal einen Schimpfwortkatalog anlegen könnten, damit ich vielleicht noch etwas dazu lernen könne. Sie zählte eine Reihe von analen und genitalen »Komplimenten« auf, aber bald erlahmte ihre Vorstellungskraft. Ich zeigte mein Bedauern, dass ich leider nichts dazu gelernt hätte, weil ich alle diese Ausdrücke bereits kannte. In der nächsten Stunde sagte sie:» So jetzt mag ich nicht mehr wie der Papa will, jetzt will ich machen, was ich will«, und sie begann mit einer Phase engagierten Spiels, in dem sie sich zunehmend selbstbewusst und autonom darstellte. Plötzlich äußerte sie, fast aus heiterem Himmel:» Ich weiß schon, warum der Papa immer sagt, ich müsste lernen zu verlieren. Der kann nämlich selbst nicht verlieren und darum soll ich verlieren, damit er gewinnen kann«.

Zu sich und seinem eigenen Wert finden, das veranschaulicht das Märchen von der Binsenkappe ebenso wie das kleine Mädchen. Ödipale Verstrickungen aufzulösen, gehört ebenso dazu, wie sich zu vermummen und zu verpuppen, um sich dadurch für angemessene Beziehungen bereit zu machen. Bei der Sechsjährigen bleibt für diesen Prozess noch viel Zeit.

Zusammenfassung

Märchen schildern häufig eine polare Thematik. Auf der einen Seite wird ein belastendes oder negatives Gefühl oder Geschick beschrieben. Andererseits ist jedoch immer auch das positive Gegenteil erahnbar oder verwirklicht sich sogar. Der beliebte Schluss »und wenn sie nicht gestorben sind, dann leben sie noch heute« ist ein hoffnungsvolles Ende vieler hochdramatischer Abläufe. Neben Angst taucht immer auch Zuversicht auf. Aus Einsamkeit wird Gemeinsamkeit. Depression wandelt sich in heilsame Aggression im Sinne von Aktivität und zuversichtlichem Einsatz vitaler eigener Kräfte. Lebensbedrohende Gefährdung mündet in wundersame Errettung. Die Tatsache, in der selbstgewählten Verpuppung im angestammten Wert verkannt zu sein, führt nach einer Phase des Leides und der Selbstbesinnung dazu, im tatsächlichen Wert erkannt zu werden. So können Märchen immer wieder Hoffnung wecken, die sich auf das eigene Erleben übertragen lässt.

Literatur zur vertiefenden Lektüre

Heinemann, E. & Hopf, H. (2015). Psychische Störungen in Kindheit und Jugend. Symptome – Psychodynamik – Fallbeispiele – psychoanalytische Therapie (5., aktualisierte und erweiterte Auflage). Stuttgart: Kohlhammer.
Hopf, H. (2009). Angststörungen bei Kindern und Jugendlichen. Frankfurt/M.: Brandes und Apsel.
Dammasch, F., Metzger, H.-G. & Teising, M. (2009). Männliche Identität – psychoanalytische Erkundigungen. Frankfurt/M.: Brandes und Apsel

Weiterführende Fragen

- Ist die Entwicklung von sozialer Kompetenz zwangsläufig an eine geschwisterliche Erfahrung gebunden?
- Welchen Einfluss haben Eltern auf die Verarbeitung von Ambivalenz in der Geschwistersituation?

- Hat die Stellung in der Geschwisterreihe einen Einfluss auf das Selbstwerterleben?
- Wie korrespondiert die Stellung in der Geschwisterreihe mit dem eigenen Rollenbewusstsein?

4 Mythen und Märchen in ihrem entwicklungsfördernden Gehalt – der Bezug zur Praxis

Mythen und Märchen können in ihren tiefen Wahrheiten nicht nur Erklärungsmuster für bestimmte Verhaltensweisen in der Vergangenheit und Gegenwart geben, sondern sind darüber hinaus oft auch eine sehr praxisnahe Lebenshilfe. In den ausgewählten Mythen und Märchen geht es immer auch um den Hinweis, wie mit Hilfe anderer oder aus eigener Kraft eine Konfliktsituation zu lösen ist. Sehr oft, so lehren uns Mythen und Märchen, ist der gerade Weg nicht derjenige, der zum Erfolg führt. Nicht selten ist Fantasie und Kreativität gefragt, der Mut, Umwege zu gehen oder sich über die List von einem überlegenen Gegner zu befreien.

4.1 Der Umgang mit Ohnmachtsgefühlen angesichts schicksalhafter Gegebenheiten

Nennen wir es Fügung, Karma, Fatum oder Geschick, das Erleben, ohnmächtig seinem Schicksal ausgeliefert zu sein, ist eine tiefverwurzelte Sorge. Dahinter steckt die Angst, nur begrenzt selbstbestimmt leben zu können oder in Situationen zu kommen, in der die eigene Lage aussichtslos erscheint. Die Tatsache, dass die mühsam erworbene Autonomie möglicherweise zu einer Illusion zusammenschrumpften könnte und hilflose Abhängigkeit das Lebensgefühl bestimmt, kann Panik auslösen.

4.1.1 Mythos: Odysseus zwischen Skylla und Charybdis

Dieser Mythos ist sprichwörtlich geworden, wenn es gilt, sich in einer schicksalhaften Situation entscheiden zu müssen, sozusagen zwischen zwei Übeln, denen man ausgesetzt ist, das geringere zu wählen. Die Skylla war ein grässliches Ungeheuer, das auf einem Felsen thronte und mit einem langen Hals Menschen bei lebendigem Leib ergriff und verschlang. Die Charybdis dagegen war ein in den Abgrund saugendes, tief im Wasser verborgenes Ungeheuer, das ganze Schiffe mitsamt ihrer Besatzung in den Abgrund zog. Odysseus musste sich entscheiden, welcher Gefahr er sich stellen sollte, einen anderen Weg als den zwischen beiden Ungeheuern gab es nicht. Er wusste um die alles vernichtende archaische Angst, einem doppelten Übel ausgeliefert zu sein. Eine Konzentration auf das eine konnte eher Überleben ermöglichen, als sich auf beide gleichzeitig einzustellen und damit keinem gewachsen zu sein. Odysseus entschied sich für die größere Gefahr einer gesamthaften Vernichtung durch Charybdis und weihte die Kameraden nur in diese Bedrohung ein. Er selbst versuchte, während jene mit aller Kraft der Charybdis versuchten zu entgehen, Skylla zu besiegen. Er konnte im gesamthaften Chaos, in dem weder oben noch unten klar zu unterscheiden war, nicht verhindern, dass Skylla sechs Gefährten fraß, die anderen entkamen jedoch Dank großer Anstrengung der Bedrohung durch Charybdis.

Was könnte der Mythos damit vermitteln wollen? Wenn Charybdis ein Synonym für angstvolle Depression ist, die in die Tiefe zieht und handlungsunfähig macht, könnte Skylla die aggressive Bedrohung durch ein einseitiges Bewusstsein verkörpern, vielleicht einen Intellekt, der lebensfeindlich den Bezug zum eigenen Ich zerstört. Odysseus ist bereit, sich dieser Gefahr von oben allein auszusetzen, um die Kameraden zur Tatkraft zu zwingen, so dass sie dem Sog der Depression entkommen.

Schicksalhaftes Ausgeliefertsein zwingt nicht, in der Depression und damit verbunden in der Passivität zu verharren. Es ist die Tat, der aktive Einsatz, der die Gefahr bannen kann. Dass das einer immensen Anstrengung bedarf, ist im Mythos angesichts des Aufruhrs in der Natur deutlich erlebbar. Sich zu entscheiden, selbst wenn es nur unter Opfern möglich ist, auf die selbstgerechte Überzeugung, alles im Griff zu haben, zu verzichten und eigene Grenzen anzuerkennen, selbst wenn alles möglich zu sein scheint, ist der Weg, der Progression verspricht.

In der Praxis erlebe ich immer wieder bei Kindern und Jugendlichen das Leiden am Problem, sich nicht entscheiden zu können. Viel leichter erscheint es, wenn man getreulich die Befehle anderer ausführt und damit auch die Verantwortung abgibt. Sich für eines zu entscheiden, heißt zwangsläufig auf andere Möglichkeiten, die auch denkbar wären, zu verzichten. Und eine Entscheidung zieht eine andere nach sich, so dass die Liste der Verzichte immer länger wird.

Eine Siebenjährige erklärte mir nach der ersten probatorischen Sitzung »Bei Dir gefällt es mir überhaupt nicht. Du sagst mir gar nicht, was ich tun soll.«»Und dann fühlt man sich gar nicht sicher, ob es richtig ist, was man selbst will,« entgegnete ich, worauf sie schweigend nickte.

Eine Jugendliche stürzte nach einem brillanten Abitur in die tiefste Verzweiflung. »Es gibt jetzt so viele Möglichkeiten, die ich alle spannend fände. Soll ich gleich studieren, aber was? Soll ich ein FSJ machen, aber wo? Soll ich eine Weltreise machen, aber mit wem? Jede Entscheidung hätte gegenüber anderen Möglichkeiten einen Verzicht erzwungen. So blieb sie lieber handlungsunfähig aber mit der Illusion, dass ihr weiterhin alle Möglichkeiten offen stehen könnten. In der Reflexion erkannte sie, dass ihre guten Schulleistungen von ihr immer aus einer gewissen Eindimensionalität heraus erledigt wurden. Es wurde gefordert und sie tat es. Eigenständig handeln, die Verantwortung dafür zu übernehmen und möglicherweise andere interessante Angebote nicht zu realisieren, war mit Gefühlen der Angst, der Unsicherheit und der Schuld verknüpft.

4.1.2 Das Märchen vom tapferen Schneiderlein

In dem Märchen vom »tapferen Schneiderlein« (Grimm o. J., Bd. 1, S. 158–171) wird dieser Mut zur Eindeutigkeit unterstrichen. Um erfolgreich zu sein, bedarf es jedoch der List und die setzt der Schneider skrupellos ein.

Als erste Heldentat schlägt er sieben Fliegen, die sich an seinem Musbrot gütlich tun wollen, tot. Er ist so begeistert von seiner Heldentat, dass er sich einen Gürtel anfertigt und darauf stickt »siebene auf einen Streich«. So zieht er in die Welt, damit auch andere seinen Heldenmut bewundern können. In einer ersten Auseinandersetzung mit einem Riesen übertölpelt er ihn bei drei Kraftproben: Aus einem Stein ein paar Tropfen Wasser zu drücken, gelingt den Kräften des Riesen. Der Schneider ist noch erfolgreicher, indem er einen Käse so zusammendrückt, dass weit mehr Wasser aus ihm dringt. Bei der Probe, wer einen Stein am weitesten in die Luft schleudern kann, gewinnt der Schneider, indem er statt des Steins einen Vogel in die Luft wirft, den er zuvor aus einem Gestrüpp befreit hatte. Schließlich tragen sie zusammen eine gewaltige Tanne fort. Der Schneider sitzt sehr vergnügt hinten auf den Ästen und vermittelt dem Riesen, der sich nicht umschauen kann, dass er den schwereren Part mühelos bewältigt. Bei einem König wird er als erfolgreicher Kriegsheld aufgrund seines Gürtels mit der eindrucksvollen Botschaft angestellt. Seine scheinbare Überlegenheit macht jedoch Angst, so dass der König ihm drei Aufgaben stellt und hofft, ihn damit loszuwerden. Als Lohn stellt er ihm die Tochter und das halbe Königreich in Aussicht. Mit List überwältigt er zwei Riesen, ein Einhorn und ein Wildschwein, so dass er als kleines Schneiderlein König wird.

Selbstvertrauen und mutiges Angehen schwieriger Aufgaben führen zum Erfolg. So ist das Märchen gerade auch für Kinder eine Ermutigung. Hinter den etwas tumben Riesen lässt sich unschwer die vordergründige Überlegenheit der Elterngeneration wahrnehmen. Kinder in der Latenz sehen sehr wohl die Schwächen ihrer Eltern und wissen sie zu ihrem Vorteil auszunützen. Versprechungen, die nicht gehalten werden, die eigene List, um eine schwirige Lage zum persönlichen Vorteil umzumünzen, Bedrohung durch Kräfte von außen, wie durch eigene

Triebimpulse, die zunächst kaum zu steuern scheinen, all das kennen Kinder und müssen lernen, damit so umzugehen, dass sie mit Selbstbewusstsein lernen sich in ihrer Identität zu akzeptieren. Das Einhorn, ein Selbstsymbol, das der Schneider gefangen nimmt, das Wildschwein, Repräsentant eigener Triebimpulse, das in eine Kapelle gelockt und dort eingesperrt wird, all das sind Herausforderungen, die wir psychologisch als Auseinandersetzung mit intrapsychischen wie interpersonellen Konfliktfeldern einstufen, um zu uns selbst zu finden.

Über das Märchen erfährt das Kind, dass die vordergründige Macht Erwachsener nicht unbedingt die Unterlegenheit der jüngeren Generation bedingt. Mit Hilfe von Tatkraft und kreativen Einfällen lässt sich nicht nur eine akute Konfliktsituation lösen, sondern auch ein Weg in Freiheit zu Würde und Selbstbewusstsein finden.

4.2 Umgang mit Gefühlen der Hoffnungslosigkeit in Lebensgefahr

Wie häufig befinden sich Menschen in Lebensgefahr und alle Hoffnung scheint zu schwinden. Sich in ein trostloses Schicksal zu ergeben, ist die eine Seite, sich kämpfend damit auseinanderzusetzen und nach Lösungsmöglichkeiten zu suchen, die andere. Mythen und Märchen bieten mit ihren Geschichten immer wieder überraschende Impulse an, die Hoffnung beleben und Vertrauen in eigene Ressourcen wecken können.

4.2.1 Mythos: Odysseus und Polyphem

Odysseus, der Listenreiche, wie er genannt wurde, kam auf dem Rückweg von Troja immer wieder in ernst zu nehmende Gefahrensituationen. Als er mit seinen Gefährten bei einer Insel ankerte und in einer Höhle Unterschlupf suchte, wurde er von einem der Bewohner, einem Riesen, bedroht. Odysseus musste zusehen, wie der Unhold einen seiner Gefährten nach dem anderen verschlang. Um diesem Schicksal zu entgehen, machten die Helden Polyphem erst betrunken, um ihm dann mit einem glühenden Pfahl sein einziges Auge auszubrennen. Als er heulend um Hilfe rief und andere Riesen nachfragten, wer ihm etwas angetan habe, antwortete er »Niemand war es.« So zogen die Riesen achselzuckend ab. Wie sollten sie ihm helfen, wenn niemand ihm etwas getan hatte. Sie konnten nicht wissen, dass der listige Odysseus seinen Namen mit »Niemand« angegeben hatte. Der blinde Polyphem saß sodann am Höhlenausgang und betastete alle seine Schafe, um zu verhindern, dass Odysseus mit seinen Kameraden fliehen konnte. Jener hatte seine Gefährten jedoch unter die Bäuche der Schafe gebunden. Sich selbst krallte er an das Bauchfell des größten Widders und entkam dem Riesen, der nur über die Rücken der Schafe strich, an die verborgene untere Seite aber nicht dachte.

Odysseus selbst und seine Gefährten, es waren zunächst zwölf, befanden sich tatsächlich in Lebensgefahr. Sechs von ihnen hatte Polyphem schon verschlungen, bevor sich Odysseus, zunächst gelähmt vor Angst, auf seine listigen Einfälle besinnen konnte, um das Schicksal zu wenden. Der Riese verkörpert mit seinem einzigen Auge eine eingeschränkte Weltsicht. Er kann nicht räumlich wahrnehmen, im weitesten Sinn nicht hinter die Dinge schauen. Sich dieser eindimensionalen, brachialen Gewalt im offenen Kampf zu stellen, ist hoffnungslos. Über die Inszenierung der Unbewusstheit mit Hilfe Trunkenheit und das Ausbrennen des einzigen Auges wird im Mythos die Überlegenheit von Gewalt in Frage gestellt. Unterlegenheit kann mit Kreativität kompensiert werden. Der Ohnmächtige verkehrt seine Situation ins Gegenteil. Auch bei der Flucht aus der Höhle wird erneut die vordergründige Denk- und Fühlweise des Riesen zur Rettung. Er betastet seine Tiere nur von oben, nicht von unten.

Therapeutisch lässt sich diese begrenzte Sichtweise gerade in der Elternarbeit gut in ihrer Spiegelfunktion nutzen. Viele Eltern sehen im Symptom ihres Kindes die Krankheit und versuchen, diese zu bekämpfen. Sie lernen, das Symptom einerseits als ein Signal für ein gestörtes inneres Gleichgewicht zu sehen. Auf der anderen Seite versuchen sie, einen unter diesen Umständen bestmöglichen Lösungsversuch für einen inneren Spannungszustand zu verstehen, und können ihr Kind und ihre eigene Lebenssituation gewissermaßen mit zwei Augen, also räumlich betrachten. Hinter die Dinge zu schauen, ohne sie zu bewerten, schafft Gelassenheit, die es erlaubt, tatkräftig neu und anders zu handeln.

4.2.2 Märchen »Der Däumling« (Brüder Grimm)

In diesem Märchen (Lutz 2001, S. 110–119) ist ein kleiner Wicht – kaum fingerlang –, in der Lage, sich und seine sechs Geschwister aus lebensbedrohlichen Umständen zu retten. Zunächst wurde er von seinen Eltern, die als Korbmacher sehr arm sind, mitsamt seinen Brüdern im Wald ausgesetzt, »denn sie verfügten über einen gesunden Appetit.« Das erste Mal fanden sie wieder zurück dank weißer Kieselsteine, mit denen der Däumling den Weg markierte. Das zweite Mal konnte er nur Brot mitnehmen, weil die Hintertür verschlossen war. Dies fraßen die Vögel, so dass die sieben im undurchdringlichen Wald weder Weg noch Steg fanden. Der Däumling entdeckte am nächsten Tag ein Haus, das sich als das eines Menschenfressers erwies. Dieser wollte die Kinder töten und fressen. Der Däumling konnte aber über eine List sich und die Brüder retten: Er vertauscht die sieben Kronen der »hässlichen« Töchter des Menschenfressers mit seiner und den Nachtmützen seiner Brüder. Der Menschenfresser, der in der Dunkelheit tastend sich nur an den Kopfbedeckungen orientierte, tötete statt der Buben die eigenen Töchter.

Der Menschenfresser verfolgte die sieben fliehenden Brüder mit seinen Siebenmeilenstiefeln, als diese sich in einer Höhle, dem ein Felsen vorgelagert war, versteckten. Während der Menschenfresser sich nichtsahnend auf diesem Felsen ausruhte und einschlief, zog ihm der Däumling seine wundersamen Stiefel ab, die die Eigenschaft hatten, sich jedem Fuß anzupassen. Dann bildete die Brüder eine Kette und der Däumling brachte sie dank seiner Siebenmeilenstiefel glücklich wieder nach Hause. Anschließend empfahl er seine Brüder der Fürsorge der Eltern, während er selbst mit seinen Stiefeln in die Welt zog und noch eine Fülle von aufregenden Abenteuern erlebte.

Nach einem Vorspiel, in dem der Däumling versucht, den Plan der Eltern, ihn und seine Brüder auszusetzen, zu durchkreuzen, beginnt

4.2 Umgang mit Gefühlen der Hoffnungslosigkeit in Lebensgefahr

das eigentliche Drama. Der Menschenfresser ist ähnlich grausam wie Polyphem und bedroht die Kinder. Sein Wunsch, sie zu fressen, sie sich einzuverleiben, könnte darauf hinweisen, dass die nächste männliche Generation ihre eigene Stärke nicht entfalten darf und sie in ihrer Entwicklung begrenzt, wenn nicht gehindert werden soll. Nur über die List, die Kronen, die die Töchter trugen, mit den Nachtmützen der Korbmachersöhne zu vertauschen, gelingt die Rettung: Der Menschenfresser tötet seine eigenen Töchter. Sie wird jedoch erneut bedroht durch die Übermacht des Menschenfressers, die sich in seinen Siebenmeilenstiefeln symbolisiert. Der Däumling verkriecht sich jedoch nicht voller Angst in der Höhle, in der Hoffnung, nicht entdeckt zu werden, sondern er wagt erneut zu handeln. Er raubt die Stiefel, Symbole tatkräftiger Männlichkeit, und stößt damit einen Rollenwechsel an. Der übermächtige »Vater« wird entmannt, der kleine Sohn übernimmt die Rolle der Führung und bewährt sich in der Folgezeit im Alleingang. Ein Märchen, das ermutigen will, Autoritätsängste abzubauen und den Weg aktiver Selbstbehauptung zu gehen.

Und wie geht es unseren Söhnen mit ihren Vätern? Haben sie die Möglichkeit, ihre Männlichkeit zu entfalten, oder müssen sie sich ihrer Autorität unterordnen, auch wenn sie ihre Schwächen wahrnehmen? Oder entziehen sie sich als ferne Väter der aktiven Bezogenheit und Auseinandersetzung? Hinter der demonstrierten Stärke lauert sehr oft Schwäche, und dies lässt sich im Märchen an der Tatsache ablesen, dass die Frau den Menschenfresser zunächst von seiner mörderischen Absicht abbringen kann. Sie versucht, die Jungen zu schützen. Sie kann jedoch, wie das Märchen zeigt, das Vater-Sohn-Problem nicht stellvertretend lösen. Ist das Dunkel der Nacht, in dem der Menschfresser herumirrt und getäuscht seine eigenen Kinder umbringt, ein Spiegel vieler familiärer Interaktionen? Die Wahrheit darf nicht aufgedeckt werden. Man bleibt lieber im Dunkel des Unbewussten und schädigt sich selbst angesichts mangelnder Klarheit. So mag das Symbol, die Töchter zu töten, vordergründig als Feindseligkeit gegenüber dem weiblichen Geschlecht zu interpretieren sein. Es ist aber auch die eigene weiche Seite, die zwar hässlich (= hassenswert) ist, aber eigentlich als Wert erkannt werden sollte, was möglicherweise durch die Kronen angedeutet ist. Können die jungen Väter heute weiter kommen als ihre Väter? Können sie Emotionalität zulassen, ihren weichen Seiten Raum geben? Fast sieht es so aus. Immer mehr Männer verzichten auf Karriere zugunsten einer Beziehung zu ihrer Familie, ihren Kindern.

Ein junger Vater äußerte im Gespräch: »Es ist klar, dass ich mit meinen 60 % beruflichem Engagement keine spektakuläre Kariere hinlegen kann. Aber meine Kinder betreuen, an ihrem Leben und Erleben Anteil zu nehmen, an und mit ihnen zu lernen, das ist es mir wert. Weil ich trotzdem noch oft in die autoritäre Rolle meiner persönlichen Vatererfahrung falle, brauche ich immer wieder Korrektur und Orientierung, darum komme ich zur Beratung. Unseren Kindern geht es zwar gut, aber ich möchte nichts aufs Spiel setzen und erst dann kommen, wenn das Kind in den Brunnen gefallen ist. Die Ehefrau saß schweigend daneben und fragte dann mit einem spitzbübischen Lächeln: »Dann darf ich also Karriere machen«? »Wenn Du willst, gern, vielleicht bist du dafür besser geeignet als ich«, so die Antwort des Vaters.

Es ist eine spannende Umbruchszeit, in der sich die Rollen neu gründen und wir wohl kaum noch von typisch männlichem oder weiblichem Verhalten sprechen können. Ob Vater oder Mutter, Kinder brauchen Zeit und ein gewisses Maß an Halt, Orientierung und Fürsorge. Im Wesentlichen aber Ermutigung, tatkräftig das Leben anzupacken und sich durch schwierige Situationen unerschrocken durchzubeißen. Die so gewonnene Frustrationstoleranz erlaubt es, das Leben im Alleingang als Abenteuer zu begreifen, wie der kleine Däumling.

4.3 Eine schuldhaft belastete familiäre Vergangenheit wird als Erbe an die nächsten Generationen weitergegeben

Wenn das eigene Glück, der eigene Erfolg, wenn Machtbedürfnis und narzisstisch gefärbte Selbstgefälligkeit bei Eltern im Vordergrund stehen, werden die Kinder an einer emotionalen Mangelsituation leiden. Wenn sie sich mit dieser elterlichen Haltung identifizieren, werden sie Lieblosigkeit und Gewalt als Erbe an die nächste Generation weitergeben. Nicht selten werden geschlagene Kinder zu schlagenden Erwachsenen. Die Erfahrung der Ohnmacht zwingt, wenn sie nicht verarbeitet wird, in die Gegenposition. Endlich Macht zu haben wird zur Triebfeder von Fehlverhalten und ohnmächtiges Opfer sind wiederum die Kinder.

4.3.1 Mythos: Das Haus Atreus mit Tantalos, Thyestes und Agamemnon

Tantalos war ein Sohn des Zeus und Pluto, der Tochter des Kronos. So durfte er Gast der Götter sein. Um ihre Allmacht zu versuchen, schlachtete er den eigenen Sohn Pelops und setzte ihn den Göttern als Speise vor. Diese erkannten den Betrug, erweckten Pelops wieder zum Leben und verbannten Tantalos in die Unterwelt. Dort musste er als ewige Strafe bis zum Kinn im Wasser stehen. Wenn er den quälenden Durst löschen wollte, versiegte der See. Über seinem Kopf lockten die schönsten Früchte. Wenn er danach greifen wollte, entschwanden sie in den Himmel. Außerdem baumelte über seinem Kopf ein Felsstein, der jederzeit drohte, herunterzufallen und ihn zu zerschmettern. Pelops seinerseis hatte zwei Söhne, Atreus und Thyestes. Atreus Frau wurde die Geliebte des Thyestes. Zwischen beiden Brüdern bestand eine archaische Rivalität um den Königsthron von Mykene, der schließlich mit Unterstützung der Götter Atreus zugesprochen wurde. Er schickte Thyestes zwar in die Verbannung, wollte sich aber an ihm angesichts seiner Beziehung zu seiner Ehefrau rächen. So lud er ihn als scheinbare Geste der Versöhnung nach Mykene ein, tötete jedoch dessen beide

Söhne und setzte sie dem Vater zum Mahl vor. Thyestes bekam vom Orakel in Delphi auf seine Frage, wie er sich rächen könne, die Antwort, es müsse mit seiner Tochter Pelopeia ein Kind zeugen. Atreus seinerseits verliebte sich in Pelopeia und nahm sie zu sich, ohne zu wissen, dass sie bereits schwanger war.

Thyestes, immer noch auf der Suche nach einem Mittel, an seinem Bruder Rache zu nehmen, wurde von seinen Neffen Agamemnon und Menelaos gefangen genommen. Sein mit Pelopeia, seiner Tochter, gezeugte Sohn Aigisthos, den Atreus wie ein eigenes Kind aufgezogen hatte, sollte ihn im Gefängnis töten. Anhand des Schwertes wurde die Vaterschaft des Thyestes offenbar, Persopeia tötete sich selbst und Atreus wurde von seinem Neffen Aigisthos erschlagen, als er den Göttern ein Dankopfer bringen wollte, weil er wähnte, Aigisthos habe den verhassten Rivalen erschlagen.

Nun wurde Thyestes wieder König von Mykene, jedoch schon nach kurzer Zeit wurde er von seinen Neffen Agamemnon und Menelaos vertrieben. Sein Sohn Aigisthos verband sich während des zehnjährigen trojanischen Krieges mit Agamemnons Frau Klytämnestra. Jener, der seinerseits die älteste Tochter Iphigenie geopfert hatte, um sich als erfolgreicher Heerführer zu profilieren, kam, begleitet von seiner Geliebten Kassandra zurück, um wiederum als König zu herrschen. Er wurde im Bad in ein Netz verwickelt und von Aigisthos und Klytämnestra erschlagen.

Ein sich über Generationen ziehendes blutiges Familiendrama! Keine Generation hat Schuld und Sühne reflektierend aufgearbeitet und so wurde das unheilvolle Vermächtnis in die nächste Generation weitergegeben. Väter, die ihre Kinder opfern, Kinder, die gegessen werden, es ist ein Thema, das die Angst vor den Nachkommen symbolisieren könnte, die stärker werden und den eigenen Machtanspruch in Frage stellen. Die eigene Schuld muss anerkannt werden, um dem Fluch der Wiederholung zu begegnen. Ist das nicht auch in jüngster Vergangenheit ein deutsches Thema gewesen? Die Generation der Nazitäter wie die der Opfer schwieg, die Kinder trugen die Last, ohne eine Frage zu stellen und erst die Enkelgeneration kann und will die Schuld aufarbeiten. Aber die Bereitschaft zur Täterschaft ist ebenso archetypisch wie der Opferstatus. Beide Haltungen bedingen einander

4.3 Eine schuldhaft belastete familiäre Vergangenheit

und sind auswechselbar. Der Mythos zeigt neben der Mehrgenerationenperspektive, wie schnell ein Opfer zum Täter und ein Täter zum Opfer wird. Das eigene Wohlleben zu schützen unter dem Aspekt des Rechtes kann in letzter Konsequenz bedeuten, im Hass Andersdenkende und -handelnde als Bedrohung zu erleben, sie zu verfolgen oder gar umzubringen. Neid, Rivalität, Eifersucht, aber auch selbstbezogene Scheingerechtigkeit sind die gefährlichen Schattenaspekte unseres Menschseins, die in die bewusste Lebensführung integriert werden müssen, um nicht aus dem verdrängten Untergrund vernichtend wirksam zu werden.

Immer wieder begegnet mir im Rahmen der Praxis das Symptom einer auffallenden Täterschaft oder einer durchgängigen Opferhaltung bei Kindern und Jugendlichen. Wenn man dann mit Hilfe des Genogramms die Vergangenheit erforscht, trifft man nicht selten in der Großvater- oder Urgroßvatergeneration einen SS-Täter oder ein in den Vernichtungslagern umgekommenes Opfer. Über eine bewusste Anerkennung von Schuld ist oft der erste wichtige Schritt getan, um eine nachfolgende Generation von einem unbewusst agierten Erbe zu befreien.

Ein Junge, der wegen seiner Provokationen wiederholt aus verschiedenen Gymnasium geworfen wurde, erzählte in der Stunde, er wisse gar nicht, warum er sich immer zum Opfer machte. Es sei wie eine Sucht, sich mit seinen respektlosen Äußerungen in den Mittelpunkt zu stellen, um dann die bitteren Konsequenzen zu ertragen. Mir fiel die Redensart, »sich an den Pranger stellen« ein, ohne dass dies konkret weiterzuhelfen schien. Im Gespräch mit den Eltern eröffnete sich eine weiter gehende Perspektive. Der Großvater war als junger Mann Aufseher in einem Konzentrationslager gewesen. Er hatte sich nach dem Ende des dritten Reiches so schuldig gefühlt, dass er sich, nachdem er bereits eine Familie gegründet hatte, suizidierte. Dies war ein Familiengeheimnis, das meinem Patienten nicht bekannt war. War mein Einfall ein unbewusstes Gegenübertragungsphänomen, dass diese Geschichte familienintern veröffentlicht werden musste? Zumindest war überraschend, dass mein Patient in der Folge sein letztlich selbstschädigendes Verhalten aufgeben konnte.

4.3.2 Märchen »Rapunzel« (Brüder Grimm)

Das Märchen (Grimm 1985, S. 32–35) schildert zu Beginn die Gier einer schwangeren Frau auf Rapunzel-Salat, der im Garten einer benachbarten Fee hinter einer großen Mauer wuchs. Sie veranlasste ihren Mann zur schuldhaften Grenzüberschreitung, um ihr Triebbedürfnis zu befriedigen. Beim zweiten Mal rationalisierte er seine Schuld der Fee gegenüber, indem er äußerte, man könne einer Schwangeren nichts abschlagen, sonst würde man Schuld auf sich laden. Die Fee verlangte zur Sühne das Kind, ein kleines Mädchen. Sie nannte es Rapunzel, vielleicht um die Erinnerung an die infantilen Eltern im Bewusstsein zu bewahren. 14 Jahre wurde Rapunzel von der Fee offensichtlich gut versorgt und dann von ihr in einen Turm ohne Zugang gebracht. Sehr naiv vergnügte sich das Mädchen dort mit dem Königssohn, der die langen Haare, wie die Fee, als Treppe zu dem Mädchen benutzte. Eines Tages sagt Rapunzel zu der Fee: »Frau Muhme, ich weiß nicht recht, mein Kleiderchen will mir nicht mehr passen, es zwickt und zwackt an allen Enden.« Rapunzel werden mit dem Ausruf »du gottloses Kind« die verführerischen Haare abgeschnitten, sie wird verstoßen ebenso wie der Prinz, der sich beim Sturz vom Turm »die Augen ausfällt.« Im Elend und Leid muss Rapunzel mit ihren in der Einöde geborenen zwei Kindern ebenso wie der Prinz leben. Durch ein Lied des Mädchens finden sie wieder zusammen und die Tränen Rapunzels machen den Prinz wieder sehend.

Was wird in der Erzählung als schuldhaftes Erbe weitergegeben? Es ist ein »Beherrscht-Sein« von infantilen Bedürfnissen, die nicht reflektiert werden. Der Lustgewinn steht im Vordergrund. Ein Bewusstsein von Schuld fehlt. Stattdessen wird das Versprechen, das werdende Kind abzugeben, leichtfertig ausgesprochen. Ein Kind wird geopfert, um den eigenen Hals aus der Schlinge zu ziehen. Man kann davon ausgehen, dass die Fee (keine Hexe wie in einer späteren Fassung) als gute Adoptivmutter alles tat, um dem Kind eine bewusstere Lebenseinstellung zu vermitteln. Möglicherweise hat sie jedoch mit dem Mädchen die Vergangenheit nicht ausreichend beleuchtet, so dass diese den Aufenthalt im Turm, der vermutlich als Interim in der Vorbereitung auf die weibliche Rolle gedacht war, nicht zur Selbstfindung nutzte.

4.3 Eine schuldhaft belastete familiäre Vergangenheit

Rapunzel stürzte sich naiv und kindlich in den Lustgewinn, ohne mit möglichen Folgen bewusst umzugehen, das zeigt ihre Äußerung der Fee gegenüber. So setzte sich in der nächsten Generation das gleiche Thema der Grenzüberschreitung zum falschen Zeitpunkt durch, so dass das Entsetzen der Fee verständlich wird. Erst in der bewussten Auseinandersetzung mit Mangel und Leid entwickelte Rapunzel Verantwortung. Der Prinz offensichtlich ähnlich unbewusst, muss erst die äußeren Augen verlieren, um in der Einsamkeit und Sehnsucht nach Neuwerdung sehend zu werden.

Ich denke an eine 13-Jährige, die äußerlich wie eine 16-Jährige wirkte, in ihrem Verhalten jedoch gleichzeitig anspruchsvoll und naiv war. Sie erzählte mir von ihren kleineren und größeren Diebstählen in Kaufhäusern und Supermärkten ohne jedes Schuldgefühl »Die sind so doof und merken überhaupt nichts!« Dass irgendjemand für den Schaden aufkommen musste, war jenseits ihres Bewusstseins. Ähnlich unbewusst ging sie mit Sexualität um. Wenn sie jemanden traf, den sie nett fand, brachte sie ihn nach Hause und nahm ihn mit ins Bett. Dass die frühe Sexualität Folgen haben könnte, verleugnete sie. »Es wird schon nichts passieren«. Damit war sie in Gefahr, das Schicksal ihrer Mutter zu wiederholen, die ähnlich unbewusst zu der Schwangerschaft mit dem Mädchen gekommen war. Es war eine intensive Bewusstwerdungsarbeit notwendig, um vor allem auch bei der Mutter ein Gefühl für Verantwortung zu entwickeln. Sie verstand sich als »beste Freundin« ihrer Tochter, was durch den geringen Altersabstand von 18 Jahren, so meinte sie, naheliegend sei und unterstützte in falsch verstandener Großzügigkeit die sexuellen Abenteuer ihrer Tochter. Es konnte im Gespräch passieren, dass die Mutter mir Selfies mit ihrer Tochter zeigte, zwei unbewusste grimassierende »Teenager«, die das Dasein, geleitet vom Lustprinzip, lebten. Es braucht nicht erwähnt zu werden, dass die Tochter ihre Schulpflichten negierte und die Mutter von einem Job in den anderen wechselte. Ein engagierter Vater fehlte.

Nach knapp zwei Jahren mühevoller Arbeit zogen Mutter und Tochter in eine andere Stadt. Die Mutter hatte einen neuen Partner gefunden, Anlass genug, sich der Reflexion zu entziehen. Meine Patientin war nicht schwanger geworden und konnte in Teilen das Realitätsprinzip besser anerkennen. Ob es zu einer belastbaren Neuorientierung gekommen ist, mit der Bereitschaft für sich und ihr Tun Verantwortung zu übernehmen, kann ich nur hoffen.

4.4 Umgang mit Loyalität und Schuldgefühl

Als Kind und Jugendlicher ist man sehr oft in belastender Weise Loyalitätskonflikten ausgesetzt. Eltern ist oft nicht bewusst, in wie starkem Maße sie sich wünschen, manchmal sogar verlangen, dass ihr Kind ihre Position unterstützt, ihre Meinung teilt und dem anderen Elternteil weniger Liebe, weniger Verständnis schenkt. Wenn sich Eltern trennen, entwickelt sich ein solcher Anspruch häufig für das Kind zu einem emotionalen Drama, das in Schuldgefühl, Hilflosigkeit und Angst gipfelt. Ein Kind möchte beiden Seiten gerecht werden und bleibt dann schnell in der Wahrnehmung eigener Bedürfnisse auf der Strecke.

4.4.1 Mythos: Elektra und Orest

Dieser Mythos setzt das Atridenthema fort und löst den Mehrgenerationenkonflikt, wenn auch Orest angesichts der doppelten Botschaften in eine Psychose schlittert.

Als seine Mutter zusammen mit Aigisthos seinen Vater tötete, versteckte Elektra, die Schwester, den kleinen Orest bei einem befreundeten Königshaus. Als er als junger Mann zurückkehrte, beschwor sie ihn, Rache zu nehmen. Seitens des Orakels von Delphi wurde er beauftragt, die Mutter und ihren Geliebten zu töten. Damit war er dem Konflikt ausgesetzt, entweder sich dem Orakel und damit dem Gott Apoll zu widersetzen oder die Schuld des Muttermordes auf sich zu la-

4.4 Umgang mit Loyalität und Schuldgefühl

den. Diese Tat würde die Erinnychen, die Rachegöttinnen, auf den Plan rufen und ihn wahnsinnig machen. Orest tötete Aigisthos und Klytämnestra und wurde, wie befürchtet, von den Erinnyen in die Paranoia getrieben. Ruhelos eilte er, von jenen erbarmungslos gejagt, bis das delphische Orakel verkündete, er möge nach Tauris gehen. Hier herrschte jedoch die barbarische Sitte, dass alle Fremdlinge auf dem Altar der Göttin Artemis geopfert wurden. Orest und sein treuer Freund Philades wurden bei ihrer Ankunft in Tauris sofort gefangen genommen. Die Priesterin, die sie töten sollte, ist die Schwester Iphigenie, die vordergründig von ihrem Vater Agamemnon zwar geopfert, im letzten Augenblick jedoch von Artemis entrückt und von Aulis nach Tauris gebracht wurde. Apoll hatte versprochen, dass Orest von seinem Wahn befreit würde, wenn er die hölzerne Statue der Artemis, die in Tauris vom Himmel gefallen sei, nach Attika bringen würde. Es gelang Orest, Philades und Iphigenie mitsamt der Statue den Taurern zu entkommen und glücklich in der Heimat anzukommen. Orest war befreit und die Erinnyen wandelten sich zu Eumeniden, friedlichen Schutzgeistern.

Der tragische Loyalitätskonflikt ist ein archetypisches Thema, das die antiken Dramendichter Aischylos, Sophokles und Euripides in einer heute gleichermaßen berührenden Form bearbeitet haben. Schuldig zu werden, um einem Auftrag gerecht zu werden, an den Folgen zu leiden und das bereits im Vorfeld zu wissen, dies betrifft heute die Menschen genauso wie einst. Goethes Wort »Ihr lasst den Armen schuldig werden/ dann übergebt ihr ihn der Pein/ denn alle Schuld rächt sich auf Erden« zeigt diesen Konflikt überdeutlich.

Versetzen wir uns in die Rolle des Kindes bei einem zerstrittenen Elternpaar. In aller Zwiespältigkeit stellt sich ihm die Frage, welchem Elternteil mehr Treue geschuldet werden muss. Wie verarbeitet ein Kind die Schuldgefühle dem jeweils anderen Elternteil gegenüber? Indem ein Kind älter wird, lernt es zu erkennen, dass sich Schuld nicht vermeiden lässt, das mag zu einer subjektiven Entlastung führen. In Schuldgefühlen zu verharren, mündet in einer sinnlosen Kreisbewegung und verhindert Progression. Wir können, um unseren therapeutischen Auftrag zu erfüllen, nur versuchen und sind dabei auf die vorbehaltlose Bereitschaft häufig zerstrittener Eltern angewiesen, ein Kind, einen Jugendlichen aus den leidvollen Loyalitätskonflikten herauszulösen und die Eltern zu einem verantwortungsvollen Umgang mit ihrer Beziehungsproblematik zu ermutigen. Andernfalls wird das Kind in seiner Zerrissenheit zwangsläufig krank oder muss, um sich zu schützen, in ein infantiles Stadium regredieren. Nicht erwachsen werden zu wollen, ist eine weitere mögliche Variante, die in Günther Grass' Blechtrommel in aller Konsequenz abgehandelt wird.

4.4.2 Märchen »Die sieben Raben« (Brüder Grimm)

Auch das Märchen kennt das Thema Schuld. Ein Mädchen ist in dem Märchen »die sieben Raben« (Grimm o. J., Bd. 1, S. 196–200) die unschuldige Ursache für die Verzauberung von seinen sieben Brüdern in Raben. Sie sollten für die schwächliche neugeborene Schwester Taufwasser holen, zerbrachen jedoch in ihrem Eifer den Krug und getrauten sich nicht mehr nach Haus. So verwünschte sie der Vater, im Glauben, sie hätten über das Spiel ihren Auftrag vergessen. Das kleine Mädchen hörte einst zufällig, wie die Leute sie schuldig sprachen am Unglück der sieben Brüder. Diesen Schuldspruch machte sie zu ihrer eigenen Schuld und beschloss, die Brüder zu erlösen. Auf ihre Reise nahm sie nur einen Familienring, ein bisschen Brot, ein Krüglein mit Wasser und ein Stühlchen zum Ausruhen mit. Sie suchte zunächst die Sonne auf, um Hilfe zu erbitten, doch jene, ebenso wie der Mond, vertrieben sie mit dem Ansinnen, sie zu töten. Nur die Sterne waren milde. Der Morgenstern gab ihr ein Hinkelbeinchen, mit dem sie den Glasberg aufschließen könne, hinter dem die Brüder verborgen seien. Obwohl sie es sorgfältig in ein Tüchlein packte, ging ihr das Beinchen verloren, so dass es den Glasberg nicht aufschließen konnte. Da entschloss sich das Mädchen zum Opfer ihres kleinen Fingers, öffnete so den Glasberg und erlöste ihre sieben Brüder.

Gehen wir von der Symbolik der Raben aus, sind diese Tiere, die häufig in der Mehrzahl vorkommen, sehr ambivalent besetzte Vögel. Sie gelten als Repräsentanten des solaren Prinzips ebenso wie als Vertreter der Dunkelheit, des Bösen. Sie versinnbildlichen ebenso Weisheit und Erkenntnis wie Zerstörung. Nach einer alten Sage sitzt ein Rabe auf dem Baum der Erkenntnis, von dem Eva den Apfel pflückte. Zwei

4.4 Umgang mit Loyalität und Schuldgefühl

Raben (Hugin, das Denken, Munin, das Gedächtnis) schließlich sitzen auf den Schultern Odins, des obersten germanischen Gottes. Sie gelangen überall hin und berichten alles (Cooper 1986, S. 145).

So mag über das Symbol der Verwandlung der Söhne in Raben schon viel über die Zwiespältigkeit der Eltern in ihrer Liebes- und Beziehungsfähigkeit ausgesagt sein.

Das Mädchen, ein offensichtlich sehr geliebtes, vielleicht auch ödipal gebundenes Kind, macht es sich zur Aufgabe, die Schuld der Eltern beziehungsweise des Vaters wiedergutzumachen und die Brüder zu erlösen. Es nimmt dabei vielschichtige Gefahren auf sich. Es geht bis an das Ende der Welt. Dabei begegnet es der Sonne, »die heiß und fürchterlich kleine Kinder auffraß« und dem Mond, der »kalt grausig und bös« war. Das bedeutet, das Mädchen setzt sich, nur mit dem Notwendigsten versehen, den Unbilden der Natur aus. Es verzichtet auf die umsorgte Mittelpunktstellung zuhause, um mit diesem Opfer wieder etwas gutzumachen, was es selbst nicht angerichtet hat, wohl aber die unschuldige Ursache ist. Das Opfer des Fingers muss symbolisch verstanden werden. Etwas Persönliches, Kostbares herzugeben, um ein Erlösungswerk in Gang zu setzen, bedeutet auch, Schmerz zu erleiden und auf die eigene Vollständigkeit zu verzichten. Der Glasberg könnte die hinter der Verwünschung spürbare Lieblosigkeit symbolisieren, eine Beziehungskälte, die den Bogen zum Mythos der Atriden schlägt. Ähnlich wie im Märchen von der Schneekönigin von Andersen kann emotionale Kälte nur durch Wärme und Mitgefühl in seiner negativen Wirksamkeit gemildert werden. Und das wiederum ist ein Teilauftrag in der Therapie.

Ein 18-jähriger junger Erwachsener mit einem massiven Stottersymptom versuchte seine Sprachstörung mit Rationalität zu bewältigen. Das Stottern erlebte er als Feind, dem er den Krieg erklärte. Seine Eltern – beide Lehrer – unterstützten diese Haltung, indem sie ihm eine Fülle von pädagogischen Ratschlägen gaben, die er als Schläge seinem Symptom gegenüber weiter gab. Das Ergebnis war, dass es ihm immer schlechter ging und er phasenweise kein einziges Wort mehr herausbrachte trotz aller körperlichen Verrenkungen. »Ich bin selbst schuld«, stöhnte er und machte gelegentliche erupti-

ve Ausbrüche für sein Symptom verantwortlich. Es ist die Strafe dafür, dass ich nicht vernünftig, ruhig und angepasst meine Aufgaben absolviere und die Schule als gute und wohlwollende Institution akzeptiere. Wir konnten das Symptom in seiner doppelten Funktion, nämlich etwas zu veröffentlichen und etwas hintan zu halten, verstehen und begannen seine kalte Rationalität, die mit einer Selbstverurteilung gekoppelt war, schrittweise zu hinterfragen. Der legitime Protest gegen eine auf Be- und Entwertung ausgerichtete Schule verknüpfte sich mit dem nie gewagten Protest gegenüber seinen vernünftigen Lehrer-Eltern, die in ihrer kühlen Sachlichkeit keinen Raum für spontane Gefühle boten. In einer lebhaften, zunehmend aggressiven Übertragung konnten die eingefrorenen Gefühle lebendig werden. Gleichzeitig erlebte der junge Mann, dass die befürchteten negativen Folgen ausblieben. So konnte er mit einer gewissen Dankbarkeit die Signalwirkung seines Stotterns akzeptieren und sagte mir am Ende der Therapie: »Wenn immer ich ein Sprechproblem habe, frage ich mich, was es mir sagen will und meist merke ich, dass ich mich schon wieder hinter einem Eisberg verborgen oder in Anlehnung an das Märchen in einem Glasberg versteckt habe. Aber, »nur für Zeit, nicht für Ewigkeit«, ergänzte er mit einem kleinen Lachen.

Zusammenfassung

Mythen und Märchen begegnen sich immer wieder in der Spiegelung urmenschlicher Erfahrungen: Ob es Ohnmachtsgefühle und damit verbundene Ängste sind, die den Eindruck vermitteln, als ob man einer Schicksalsmacht hilflos ausgeliefert ist, ob es Lebensgefahr ist oder eine Verstrickung in eine alte Familiengeschichte, immer gibt es Lösungen. Diese über die Mythen- und Märchenbotschaft als eine überindividuelle Botschaft in der analytischen Praxis weiterzugeben, kann ein wichtiges Hilfsmittel sein, wenn die direkte deutende Nähe des Therapeuten (noch) nicht ertragen wird. Es geht immer wieder darum, zu ermutigen, die eigene Tatkraft einzusetzen, statt in passiver Abhängigkeit zu verharren. In der final ausge-

4.4 Umgang mit Loyalität und Schuldgefühl

richteten Perspektive der Jung'schen Psychologie ist ein wichtiger Gesichtspunkt, den Akzent auf die Fähigkeit zu setzen, als selbstverantwortliches Ich den eigenen Entwicklungsgang zu steuern, statt vergeblich auf eine Lösung durch andere zu warten. Auch das Thema Schuld gewinnt eine andere Perspektive, wenn gemäß der Mythen- und Märchenbotschaft Schuldvermeidung Stillstand ist und damit Entwicklung zum Selbst verhindert wird. »Um ganz wir selbst zu sein, müssen wir unser wahres Selbst zulassen. So einfach ist das. Es liegt nur an uns, wenn es schwer erscheint.« (Strelecky 2014, S. 8)

Literatur zur vertiefenden Lektüre

Fischle, W. H. (1980). Der Weg zur Mitte, Wandlungssymbole im tibetischen Thangkas. Stuttgart, Zürich: Belser.
Hong Li Yuan (2003). Qi Gong. München: Nymphenburger.
Jung, C. G. (2014). Das Rote Buch (5. Auflage). Düsseldorf: Patmos.
Landesmuseum Württemberg (2007). Ägyptische Mumien, Unsterblichkeit im Land der Pharaonen. Mainz: Philipp von Zabern.
Tresidder, J. (2000). Symbole und ihre Bedeutung. München: Droemer.
Markowetz, A. (2015). Digitaler Burnout. Warum unsere permanente smartphone-Nutzung gefährlich ist. München: Droemer Knaur.

Weiterführende Fragen

- In welcher Form ist es möglich, Mythen und Märchen mit den verschiedenen Alters- und Entwicklungsstufen der Kinder und Jugendlichen abzugleichen?
- Gibt es neben dem Erzählen oder Vorlesen noch andere Möglichkeiten, Mythen und Märchen in ihrer Bedeutung zu aktualisieren?
- Inwiefern ist die Symbolkenntnis unabdingbar, um die Bildhaftigkeit der Mythen verständlich zu machen?
- Welche Aspekte in Mythen und Märchen können besonders hilfreich sein im Prozess einer analytischen Kinder- und Jugendlichenpsychotherapie?

4 Mythen und Märchen in ihrem entwicklungsfördernden Gehalt

- Haben Mythen und Märchen eine Chance bei einer Jugend, die mit einem Smartphone ganz selbstverständlich aufgewachsen ist? Ersetzt die mühelose Unterhaltung eine Bilderwelt, die ein umfassenderes emotionales Engagement für die Grunderfahrungen des Menschseins verlangt?

5 Nachwort

Mythen und Märchen sind beeindruckende Geschichten. Sie beleuchten auf unterschiedliche Weise und in einer Sprache, die dem jeweiligen kulturellen Hintergrund entspricht, Wahrheiten, die heute noch genauso gültig sind wie in der Vergangenheit. Indem sie Grundthemen menschlichen Erlebens darstellen, berühren sie Kinder und Heranwachsende gleichermaßen. Da vor allem Kinder noch nicht in gleicher Weise rationalisieren und die Irrealität der Geschichten hinterfragen, sind sie offen für die symbolische Botschaft. Sie brauchen keine Erklärungen, wohl aber das mitfühlende Begleiten durch die vielen aufregenden Abenteuer. Sie verstehen, dass hinter der äußeren Dramatik innere Entwicklungsprozesse veranschaulicht und in Bilder gebracht werden. Sie sollen zur Progression, zur Bereitschaft, das Leben in all seinen hellen und dunklen Facetten zu wagen, ermutigen. In unserer Zeit hoher Bewusstheit, die vor allem durch die forcierte Betonung des Intellekts gefördert wird, besteht die Gefahr, dass Emotionen als »unvernünftig« abgewertet werden. Das Leben ist aber nicht vernünftig im rationalen Sinn, sondern hat seine eigene »Psycho-Logik«. Diese als eine andere Form der Wahrheit wertzuschätzen und ihre Wirksamkeit anzuerkennen, dazu kann die Kenntnis von Mythen und Märchen verhelfen. Wir suchen nach Wahrheit und stecken häufig in der Sackgasse, die bereits Pilatus mit den Worten »Was ist Wahrheit?« hinterfragte. Es gibt keine verbindliche Richtschnur dafür, was in einem individuellen Schicksal für Wahrheit zu gelten hat. Stattdessen geht es um die persönliche Wahrhaftigkeit, die einen Einklang mit sich und der Welt, mit individuellen Notwendigkeiten und urmenschlichen Verbindlichkeiten herstellen kann. Dazu gehören die Grundthemen des Menschseins, die in dem Kreisbogen vom Leben zum Tod und vom Tod zum Leben verborgen sind. Das irrationale »Wissen«, sich nicht nur in diesem Kreislauf zu befinden, sondern aufgehoben zu sein, kann Ängste mindern und Zuversicht stärken. In diesem Sinn sind Mythen und Märchen Hoffnungsträger, die Kindern und Heranwachsenden erlauben, sich gehalten und ausgehalten zu wissen. Das betrifft nicht nur den engen Rahmen von Familie und Freundschaft; es ist vielmehr die Erfahrung einer übergeordneten Sicherheit, die allem einen Sinn gibt, auch wenn eine noch begrenzte Wahrnehmung nicht alles sofort in ihrer Sinnhaftigkeit erfassen kann. Mögen uns die Mythen und Märchen in diesem Gefühl immer neu bestärken, dann wird ihre Bedeutung weiter lebenserhaltend wirksam sein können.

Literaturverzeichnis

Ackermann, E. (2012). *Märchen der Antike*. Köln: Anaconda.
Bechstein, L. (2013). *Sämtliche Märchen*. Köln: Anaconda.
Bettelheim, B. (1977). *Kinder brauchen Märchen*. Stuttgart: Deutsche Verlags-Anstalt.
Bühler, C. & Bilz, J. (1977). *Das Märchen und die Phantasie des Kindes*. Berlin: Springer.
Bellinger, G. J. (1999). *Knaurs Lexikon der Symbole* (3. Auflage). München: Droemer Knaur.
Brunner-Traut, E. (1981). *Gelebte Mythen*. Darmstadt: Wissenschaftliche Buchgesellschaft.
Burchartz, A. (2015). *Psychodynamische Psychotherapie bei Kindern und Jugendlichen. Das tiefenpsychologisch fundierte Verfahren: Basiswissen und Praxis* (2. Auflage). Stuttgart: Kohlhammer.
Clarus, I. (1980). *Du stirbst damit du lebst*. Stuttgart: Bonz.
Cooper, J. C. (1986). *Illustriertes Lexikon der traditionellen Symbole*. Leipzig: E.A. Seemann.
de Rosa, P. (1991). *Der Jesus Mythos*. München: Droemersche Verlagsanstalt Th. Knaur Nachf.
Derungs, K. (2010). *Die ursprünglichen Märchen der Brüder Grimm* (2. Auflage). Grenchen bei Solothurn: amalia.
Dethlefsen, T. (1990). *Ödipus, der Rätsellöser*. München: C. Bertelsmann.
Dierichs, A. (2010). *Liebschaften der Antike*. Mainz: Philipp von Zabern.
Ehrenteich, A. (Hrsg.) (1938). *Englische Volksmärchen*. Jena: Diederichs.
Endres, F. C. & Schimmel, A. (1984). *Das Mysterium der Zahl. Zahlsymbolik im Kulturvergleich*. Kreuzlingen, München: Heinrich Hugendubel.
Goethe, J. W. v.(2000). *Faust, der Tragödie erster Teil. Studierzimmer*. Ditzingen bei Stuttgart: Reclam.
Gottschalk, H. (1973). *Lexikon der Mythologie*. Berlin: Safari.
Greene, L. & Sharman-Burke, J. (2004). *Gelebte Mythen*. München: Atmosphären.
Grant, M. & Hazel, J. (2009). *Lexikon der Antiken Mythen und Gestalten* (11. Auflage). Berlin: List.

Grimm, J. (2007). *Deutsche Mythologie*. Wiesbaden: Matrix.
Grimm, J. (Hrsg.) (o. J.). *Kinder- und Hausmärchen*. 2 Bde. Zürich: Manesse.
Grimm, J. (Hrsg.) (1985). *Die Kinder- und Hausmärchen der Brüder Grimm in ihrer Urgestalt* (Nachdruck der Urfassung 1812/14). Lindau: Antiqua.
Henschel, U. (1994). *Die psychodynamische Therapie von Jugendlichen*. Unveröffentlichtes Vorlesungsmanuskript, gehalten am Institut für Psychoanalyse, Stuttgart.
Herrmann, D. P. (Hrsg.) (1993). *Nordische Nibelungen, die Saga von den Völsungen*. Köln: Eugen Diederichs.
Hopf, H. (2014). *Die Psychoanalyse des Jungen*. Stuttgart: Klett Cotta.
Karlinger, F. (Hrsg.) (1998). *Italienische Volksmärchen*. München: Eugen Diederichs.
Laiblin, W. (Hrsg.) (1995). *Märchenforschung und Tiefenpsychologie* (5. Auflage). Darmstadt: Wissenschaftliche Buchgesellschaft.
Löwis of Menar, A. (Hrsg.) (1962). *Finnische und Estnische Märchen*. Düsseldorf, Köln: Eugen Diederichs.
Lüthi, M. (Hrsg.) (1951). *Europäische Volksmärchen*. Zürich: Manesse.
Lutz, C. (1988). *Psychologisches Wissen im Märchen*. Fellbach: Bonz.
Lutz, C. (2001). *Mann-Werden, Mann-Sein. Das Männliche im Märchen*. Königsförde, Krummwisch: Königsfurt.
Lutz, C. (2012). *Leben lieben Leben lassen. Von Konfrontation und Geborgenheit im Märchen*. Stuttgart: opus magnum.
Marneros, A. (2013). *Irrsal! Wirrsal! Wahnsinn! Persönlichkeit, Psychose und psychische Konflikte in Tragödien und Mythen*. Stuttgart: Schattauer.
Meyer, C. F. (1954). *Huttens letzte Tage*. Wien, München, Basel: Kurt Desch.
Meyer, R. (1976). *Die Weisheit der Deutschen Volksmärchen* (7. Auflage). Stuttgart: Urachhaus.
Neumann, E. (1963). *Das Kind*. Zürich: Rhein.
Nietzsche, F. (2012). *Die Geburt der Tragödie aus dem Geiste der Musik* (3. Auflage). Berlin: Insel.
Otto, W. F. (1962). *Mythos und Welt*. Stuttgart: Ernst Klett.
Panzer, F. (Hrsg.) (1980). *Kinder- und Hausmärchen der Brüder Grimm*. Vollständige Ausgabe in der Urfassung. Wiesbaden: Emil Vollmer.
Ranke-Graves, R. v. (1997). *Griechische Mythologie, Quellen und Deutung* (11. Auflage). Reinbek: Rowohlt.
Rölleke, H. (Hrsg.) (2003). *Die wahren Märchen der Brüder Grimm*. Frankfurt/M.: Fischer.
Rölleke, H. & Schindehütte, A. (2011). *Es war einmal… Die wahren Märchen der Brüder Grimm und wer sie ihnen erzählte*. Frankfurt/M.: Eichborn.
Safranski, R. (2015). *Romantik, eine deutsche Affäre* (6. Auflage). Frankfurt/M.: Fischer.
Schier, Kurt (Hrsg) (1998). *Schwedische Volksmärchen*. Augsburg: Weltbild-Verlag (Lizenzausgabe vom Diederichs-Verlag).

Strelecky, J. (2014). *Das Café am Rande der Welt. Eine Erzählung über den Sinn des Lebens* (11. Auflage), München: Deutscher Taschenbuch Verlag,
Von Beit, H. (1983). *Gegensatz und Erneuerung im Märchen* (5. Auflage). Bern: Francke.
Von Beit, H. (1986). *Symbolik des Märchens* (7. Auflage). Bern: Francke.
Walker, B. (1993). *Das Geheime Wissen der Frauen*. Frankfurt/M.: Zweitausendeins.
Zerling, C & Bauer, W. (2003). *Lexikon der Tiersymbolik*. München: Kösel.
Zöllner, F. (2009). *Botticelli*. München: C.H. Beck.

Stichwortverzeichnis

A

Abhängigkeit   28, 45, 47, 52, 60 f., 89, 116, 123, 128, 130, 132 f., 147, 156, 174
Abwehrmechanismus   30
Achill   52, 55
Affektkontrolle   43
Agamemnon   52, 55 f., 165 f., 171
Aggression   25, 28, 31, 46, 50, 80 f., 85, 93, 108 f., 121, 134, 142, 147, 149, 154
Aggressivität   115, 118, 129, 146
Ägypten   19, 29, 38, 139
Aigisthos   166, 170
Aischylos   14, 171
Allerleirauh   94
Amduat   23, 25, 27–32, 34 f., 38
Amor   57
Analytische Behandlung   23
Andwari   78
Angst   13, 15, 17, 27–29, 35, 37, 41–43, 47, 50, 69, 88, 90, 93, 95, 98, 104 f., 118 f., 121, 133, 143–145, 154, 156–159, 161, 163, 166, 170, 174, 178
Antike   13, 22, 39, 56 f., 73, 152
Apoll   41 f., 53 f., 57–60, 170
Apophis   25
Archetyp, archetypisch   17, 29, 74, 91, 117, 132, 135, 166
Archetypisches Wissen   20

Artemis   41 f., 55, 171
Aschenputtel   94
Athene   41, 58, 63
Atlas   53
Attila   76
Atum   25, 38
Auferstehung   36 f.
Aufgabe   116–118, 122, 138, 145, 148, 159, 173
Auge   34, 70, 82, 104, 135, 161
Aulis   55, 171
Aulos   58 f.
Autonomie   36, 51, 60 f., 68, 76, 89, 97, 103, 116, 123, 128, 146 f., 156
Autonomieentwicklung   115
Autorität   55, 131, 147, 163

B

Bacchus   57
Bedrohung   64, 69, 72, 74, 103, 105, 133, 157, 159, 167
Bedürfnisse   77, 121, 146, 170
Befriedigung   132, 146
Beowulf   81, 84
Bewältigung   29, 35 f., 91, 94, 133
Bewusstsein   24 f., 28–30, 37–39, 61, 74, 93, 95 f., 104, 127, 145, 151, 157, 168 f.
Bewusstseinsprozess   39

Beziehung 16, 35, 38 f., 45, 49 f., 70, 77, 83 f., 87, 101, 110, 112 f., 118, 120–123, 129, 131, 137, 153, 164 f.
Beziehungsproblematik 172
Beziehungssehnsucht 151
Bildersprache 16
Bindung 16, 41 f., 47, 60 f., 113, 118, 125, 129 f., 133, 152
Bindungsbereitschaft 116
Bindungserfahrungen 126
Bindungsstörung 92
Binsenkappe 151–153
Böse 31, 67, 149
Bruder 25, 31, 34, 53 f., 66, 75, 79, 102, 108, 122, 130, 132–134, 139 f., 166
Brünhild 75 f.

C

C. G. Jung 125, 143
Charybdis 157
Chepre 24, 29, 36, 38
Christus 23, 39, 70
Chrysippos 43
Conjunctio 84
Culsans 62 f.

D

Daidalos 47
Delegation 41, 118
Delphi 13, 21, 43, 58, 166, 170
Demeter 51 f.
Denkwelt 39
Depression 92, 98, 117, 147, 149, 154, 157
Diesseits 15
Dionysos 41, 50, 57 f.
Distanz 29, 42, 88 f., 99, 110, 151
Disziplina 63 f.

Dominanz 27, 39, 54, 103, 121, 127, 129, 136
Drache 26, 74, 79 f.
Dramatik 34, 88, 177
Dunkel 17, 23, 25–30, 36, 38, 58, 79, 125, 133, 163
Dürre 17
Dynamik 42, 62, 93 f., 121, 128
Dynamische Kraft 25

E

Eifersucht 25, 57, 78, 83, 131, 134, 167
Eigenständigkeit 96 f., 102, 116, 118, 130
Eigenwert 95, 110
Einfühlung 76, 109
Einheit 24, 30, 44
Einheitswirklichkeit 44
Einhorn 159 f.
Einsamkeit 15, 27, 95, 118, 146, 154, 169
Einweihungsmysterien 39, 96
Eisenhans 93
Eleusis 39
Emotion 14, 26, 58, 143, 177
Emotionales Erleben 30, 46
Emotionalität 33, 37, 138, 164
Empfindung 16, 39, 133
Entwicklung 15, 17, 27, 29, 31, 33, 39, 42, 45, 59, 92, 94, 99, 103, 106, 110, 114, 119, 125, 128, 130, 143, 149, 154, 163, 175
Entwicklungsprozess 38, 61, 94 f., 97, 177
Entwicklungspsychologie 45
Ephesus 39
Erzählung 13 f., 19, 39, 68, 73, 93, 148, 168
Erziehungsschwierigkeiten 17
Eschatologie 15
Esche 74

Etrusker 62–69
Euripides 14, 171
Eurydike 24
Ewigkeit 15, 153, 174

F

Fafnir 78
Falke 34, 74
Familientherapie 46, 137
Fantasie 88, 156
Faust 23, 31
Feder 33, 37, 62, 138 f.
Fehlidentifikation 112
Fenrichswolf 82
Fest 19, 144, 152
Flexibilität 18
Freiheit 42, 114, 150, 160
Fremden 27
Freud 42, 49, 91
Fruchtbarkeit 31, 51, 71
Fruchtbarkeitsgott 25, 72
Frustration 117
Frustrationstoleranz 90, 128, 164
Fühlen 91
Fühlwelt 39
Fürsorge 33, 47, 60, 71, 117, 120, 133 f., 142, 162, 164

G

Gaia 40
Ganzheit 15, 23 f., 30, 32, 36, 40
Geburt 15 f., 35 f., 73, 109, 123
Geduld 106
Gefahr 26, 28–30, 40 f., 45, 60, 76 f., 79, 83, 88, 90, 102 f., 105, 132, 145, 149, 157, 169, 177
Gefährdung 27
Geheimnis 13, 16, 24, 34 f., 73, 82, 98, 102, 112, 123
Geist 44, 57
Gemüt 16

Genital 91
Gericht 33
Gesetz 64, 72 f., 84, 128
Glauben 35, 139, 148, 172
Gleichgewicht 30, 41, 68, 72, 136, 147, 161
Gleichnis 16
Gleichwertigkeit 30, 67, 69, 100, 106, 137
Glück 15, 49, 88, 96, 100, 106 f., 165
Goethe 23, 31, 45, 52, 106, 123
Gott 14 f., 17, 20, 23, 27, 31, 33 f., 36 f., 40, 42, 49, 51, 57 f., 60, 62–64, 67, 69–73, 78 f., 82–84, 105, 165 f., 170
Gottheit 28, 58, 64, 69
Göttliche 13, 23
Gräber 22, 30, 68
Graphik 19
Grendel 81
Grenzüberschreitung 168 f.
Grimm 87, 95, 105, 108, 114, 131, 135, 137, 159

H

Haruspices 63, 68
Heil 15, 153
Heilschlaf 152
Hel 71, 82
Held, Heldin 17, 20, 52, 55, 75, 84, 92, 95–97, 161
Hephaistos 49, 52
Herakles 23
Herz 33, 37, 79
Herzenskräfte 33
Herzenswägung 33
Hexe 89, 113–115, 133 f., 168
Hilflosigkeit 17, 123, 147, 170
Himmel 15, 24, 30, 34, 49, 115, 150, 153, 165, 171

Stichwortverzeichnis

Hoffnung 35, 68, 83, 143, 145, 154, 160, 163
Hoffnungslosigkeit 160
Hölle 15, 23, 94
Höning 78
Horus 34, 67, 123
Hybris 105

I

Ich-Bewusstsein 51
Ich-Entwicklung 29, 133
Ich-Integrität 77, 93, 131
Ich-Kraft 43
Ich-Stärkung 43
Identifikation 31, 42 f., 50, 77, 85, 89, 115, 118
Identität 31, 53–56, 59 f., 84, 96–98, 116, 118, 122, 128, 133, 151, 160
Ilias 39
Individualität 18, 40, 115
Initiationsriten 29, 152
Integration 32, 35, 38, 72, 84, 94, 139
Intellekt 157
Intuition 151
Iphigenie 55 f., 166, 171
Irrationales 13
Isis 34, 122

J

Janus 62
Jenseits 15, 93
Jenseitsbegleiter 115
Jokaste 43–45

K

Kalypso 55
Kampf 37, 75, 81 f., 101, 161
Kastration 128

Katastrophe 93
kausal 16
Kindheit 27, 33, 35 f., 63, 67, 87, 90, 121, 150
Kirke 55
Kluge Else 144
Klytämnestra 55 f., 166, 171
Kommunikation 86, 99 f., 107, 149
Komödie 58
Kompetenz 98, 126, 154
Kompromiss 51, 57, 100
Konflikt 39, 43, 60, 63, 76, 96, 105 f., 114, 170 f.
Konfliktbewusstsein 34
Konfliktsituation 69, 95, 99, 132, 143, 156, 160
Konfrontation 15, 23, 25, 31–33, 36, 38, 44, 59, 92, 94, 112, 125
Königswürde 109 f., 139
Kore 51 f.
Kosmogonien 15
Kraft
Krankheit 106, 161
Kreativität 25, 84, 156, 161
Kreislauf 23, 36, 38, 44, 139, 178
Kreta 40, 47
Kriemhild 75 f.
Krise 27
Kröte 138 f., 148 f.
Kultus 19

L

Laertes 43 f.
Leben 15, 17 f., 22–25, 32 f., 35–38, 42, 44, 49 f., 57, 63 f., 66–69, 73 f., 80, 82, 87, 94, 96, 98, 106, 116, 118, 126, 130 f., 139, 141, 145, 152, 164 f., 177
Lebensangst 18
Lebensbewältigung 18
Lebenseinstellung 66, 96, 116, 168
Lebenserfahrung 25

Lebenshilfe 156
Lebensinhalte 96
Lebenskraft 35, 125, 143
Leib 15, 30, 32, 36, 157
Leid 35, 93, 98, 109, 118, 139,
 154, 168 f.
Leto 41 f.
Licht 17, 25 f., 29, 36 f., 58, 72,
 139, 150
Liebe 33, 51, 71, 76, 83, 106,
 112 f., 117, 142, 152, 170
Lilith 56
List 52, 55, 59, 72, 82, 93, 100,
 103, 110, 130, 156, 159, 162 f.
Logos 13–16, 20, 39, 68
Loki 70, 72, 78, 82 f.
Loyalitätskonflikt 108, 170–172
Lustgewinn 168
Luther 86 f.
Lykomedes 52

M

Maat 33, 37, 39
Macht 40, 45, 66, 76, 79, 83, 91 f.,
 103, 105 f., 120, 160, 165
Machtkampf 99
Machtverlust 40
Maia 53
Malerei 19
Mänaden 58
Mangel 80, 96, 169
Mangelsituation 77, 165
Männlichkeit 42, 53, 121, 123 f.,
 128, 130, 163
Märchen 23, 57, 86–100, 102 f.,
 105–111, 113–116, 118–120,
 122–124, 127–130, 132, 134–
 137, 139–143, 145–147, 149–
 151, 153 f., 156, 159 f., 162 f.,
 168, 172–177
Marsyas 58, 60
Meer 17

Menelaos 166
Mephisto 31, 52
Michelangelo 16
Midgard 70 f., 82
Mimir 73 f.
Minos 47 f.
Minotauros 47
Missbrauch 69, 108, 118
Moiren 73
Mond 17, 94, 110, 150, 172 f.
Muse 58 f.
Mut 34, 49, 76, 97, 114, 118, 145,
 149, 156, 159
Mutterbindung 45, 126
Mutterdominanz 115
Mutterimago 97
Muttermord 129
Mutterobjekt 128
Mutterproblem 55, 103, 115
Muttertochter 75–77
Mythen 14–23, 34, 37, 39 f., 57,
 59–63, 65, 69 f., 72, 83–85, 89,
 156, 160, 174–177
Mythologie 13, 23, 33, 37, 39, 57,
 70, 73–75, 131
Mythos 13–20, 23 f., 31, 33 f., 41 f.,
 47, 49–52, 54 f., 58, 60 f., 73, 75–
 79, 81, 85, 157, 160 f., 165, 167,
 170, 173

N

Nacht 25, 27, 36 f., 71, 128, 163
Nachtmeerfahrt 25, 32, 34, 36,
 38 f.
Narzisstisch 50, 92, 165
Neid 25, 31, 83, 101, 131, 134,
 149, 167
Neueinstellung 25
Neuorientierung 54, 96, 170
Nibelungen 75 f.
Nidhögg 74
Nilpferdgöttin 35

187

Niobe 41 f.
Nornen 73
Nymphe 58
Nymphen 59

O

Objektebene 17
Odin 34, 70 f., 73, 75, 78, 82
Ödipus 34, 42–47
Odysseus 23, 52, 55, 157, 160 f.
Ohnmacht 40, 76, 88, 91, 103, 106, 120, 156, 165
Opfer 15, 34, 50, 83, 100, 165–167, 172 f.
Orakel 13, 21, 40, 43 f., 55, 166, 170
Oral 93
Orest 170
Orpheus 23 f.
Osiris 25, 27, 31, 33 f., 36, 122

P

Paardynamik 17
Parentifizierung 42, 93
Partnerschaft 118, 129 f., 137, 152
Pelops 43, 165
Penelope 55 f.
Persephone 51
Pharaonen 22, 30
Pisa 43
Pluto 51, 165
Polarisierung 91
Polarität 15, 30, 37, 40, 44, 60, 73 f., 83, 109, 143
Pole 17
Prinzessin 26, 56, 91, 125, 134, 153
Progression 115, 158, 171, 177
Progressive Entwicklungsdynamik 89
Protest 147, 174
Psyche 57

Psychoanalyse 32
Pubertät 27, 51, 92 f.

R

Raben 82, 172 f.
Rapunzel 93, 168
Ratatorsch 74
Rätsel 18, 44, 103, 111, 113, 125, 135
Re 24, 38
Recht 34, 73, 81, 104, 110 f., 120
Reflexion 14
Regin 78 f.
Regression 27, 153
Reife 29, 36, 95, 109, 116, 119, 125, 133, 137
Reifungsprozess 115
Riklin 91
Rituell 19
Rivalität 25, 53, 77 f., 83, 118, 120, 131, 134, 141, 143, 165–167

S

Samotrake 39
Satyr 58
Scham 43, 109
Schatten 25, 37, 40, 72, 84, 125, 138
Schattenreich 25
Schatz 78 f., 91, 96, 106
Schicksal 44 f., 52, 73, 81, 156, 160 f., 169, 177
Schlange 25 f., 36, 71, 82
Schmerz 35, 37, 109, 136, 139, 173
Schuld 33, 42, 45–47, 78 f., 158, 166–168, 170–173, 175
Schuldgefühl 17, 65, 169–171
Schwester 34, 114, 122, 132–136, 140, 146, 148 f., 170, 172
Sculd 73
Seele 15, 32 f., 38, 53, 87, 91, 139

Stichwortverzeichnis

Sehnsucht 16, 39, 66, 71, 80, 102, 106, 125, 146, 169
Selbstbehauptung 76, 130, 163
Selbstbesinnung 154
Selbstbestimmung 147
Selbsterkenntnis 27, 45, 109, 152
Selbstfindung 131, 168
Selbstgefälligkeit 116, 165
Selbstreflexion 77, 151
Selbstsymbol 160
Selbstverlust 128
Selbstvertrauen 79, 93, 145, 159
Selbstwerdung 97
Selbstwert 122
Selbstwertgefühl 49, 77, 93, 142
Seligkeit 15
Semele 57 f.
Seth 25, 31, 34
Sexualität 67, 102, 108, 139, 169
Sicherheit 17, 27, 54, 59, 89, 103 f., 116, 122, 178
Siegfried 75, 78
Sigurd 78 f.
Sinnbild 19, 115, 122
Sinnhaftigkeit 18, 32, 62, 66, 129, 178
Sisyphus 28
Skarabäus 24, 29, 38
Skylla 157
Sonne 17, 24 f., 28, 36–38, 48, 71 f., 83, 94, 110, 172 f.
Sophokles 14, 42, 45, 171
Soteriologien 15
Spaltung 30, 39
Spannung 17
Spannungskonflikt 60, 133
Spiegelung 174
Sterben 34, 36, 76
Sterne 17, 94, 110, 172
Stiefmutter 108, 114, 147 f.
Strafe 17
Subjektebene 17
Sühne 42, 46, 64, 166, 168

Suizid 27, 46
Symbol 20, 24, 33, 37, 43, 59, 73, 83, 128, 139, 146, 163, 173
Symbolik 44, 86, 151 f., 172
Symbolsprache 20
Symboltiere 74, 115
Symptom 32, 106, 134, 161, 167, 173

T

Täter 50, 100, 167
Tauris 55, 171
Theogonien 15
Therapie 27, 34, 46, 48, 51–54, 65, 78 f., 82, 101, 104, 132, 140, 153, 173 f.
Thetis 49 f., 52
Thoeris 35
Thyestes 166
Tiergestalt 23
Tochter 41, 47, 51–53, 55–57, 60, 72, 75, 87, 102, 107–114, 116–118, 120, 124 f., 134, 137, 146 f., 149, 152 f., 159, 165 f., 169
Tod 15 f., 22–24, 32 f., 38, 43, 68 f., 71, 75 f., 79, 82, 92, 98, 110, 122, 126, 139, 177
Todesangst 18
Todesbedrohung 35, 143
Todeswunsch 134
Totengericht 19, 33, 37, 39, 139
Totengott 27, 33, 70
Totenreich 25
Tragödie 58
Transzendenz 13–15
Trauer 93, 96, 98, 115, 140, 153
Träume 13, 16
Traumsprache 23
Trennung 16
Treue 55, 75, 112, 171
Triangulierende Funktion 147
Triangulierung 45

189

Trickster 53, 59, 83
Trieb 17
Triebbedürfnisse 147
Triebimpulse 43, 133

U

Überidentifikation 151
Übertragung 24, 26, 41, 77 f., 174
Udjat 34
Unabhängigkeit 48, 95, 114, 130
Unbewusstes 17, 23, 30, 38, 79, 102, 116, 122, 139, 149, 163
Unbewusstheit 94, 161
Unendlichkeit 28
Unglück 15
Untergang 15
Unterwelt 23, 28, 34, 51, 82, 94, 122, 125, 165
Urd 73
Urerfahrungen 14, 20, 86
Ursprung 18, 73

V

Variabilität 18
Vater 34, 40–44, 52–54, 60, 66, 75, 77 f., 80, 87, 107–113, 118, 120–124, 129–131, 137, 141, 147 f., 152 f., 163 f., 166, 169 f., 172
Vaterarchetyp 121
Vatertochter 75 f.
Verdandi 73
Vereinigung 32, 34, 45, 84
Verlust 34 f., 63, 88, 95, 134, 151, 153
Verpuppung 29, 154
Versöhnung 54, 60, 137, 165
Vertrauen 18, 26, 80 f., 97 f., 101, 124, 126, 139, 145, 160
Verunsicherung 119

Verwicklung 143
Verzicht 153, 158
Verzweiflung 17
Vollkommenheit 36
Völsungensaga 75, 78, 83
Vorbild 43, 54, 97, 122, 128
Vorsokratiker 39

W

Wachstum 25
Wagenlenken 43
Wahrheit 13–16, 18, 20, 29, 31, 139, 156, 163, 177
Wahrnehmung 23, 25, 34, 38 f., 89, 101, 103, 107, 116, 120, 170, 178
Wallhall 75
Wandlung 23, 58, 123, 139
Wandlungssymbole 109, 115
Weisheit 16, 24 f., 44, 62, 67, 82, 95, 98, 138 f., 172
Weisheitslehre 37
Weissagekunst 63, 68, 146
Werdeprozess 15, 27, 37
Willkür 85, 109, 146
Wotan 75
Wunschvorstellungen 60, 99

Y

Yggdrasil 73 f., 83

Z

Zauberkräfte 114, 116
Zeichen 20, 96, 105
Zerberos 23
Zeus 40, 49, 53 f., 57 f., 63, 165
Ziege 101, 120, 128, 135 f.
Zweifel 28, 66, 71, 129
Zwiespältigkeit 39, 44, 171, 173

Hans Hopf/Arne Burchartz
Christiane Lutz

Psychodynamische Therapien mit Kindern, Jugendlichen und jungen Erwachsenen

Geschichte, Theorie, Praxis

2016. 212 Seiten. Kart.
€ 34,-
ISBN 978-3-17-029863-7

Psychodynamische Psychotherapie mit Kindern, Jugendlichen und jungen Erwachsenen

Ausgehend von einem geschichtlichen Überblick fasst das Werk den heutigen Stand der Psychodynamischen Psychotherapien mit Kindern, Jugendlichen und jungen Erwachsenen in komprimierter und verständlicher Form zusammen. Wissenschaftlich fundiert und praxisorientiert bietet es einen Überblick über die von der Psychoanalyse ausgehenden therapeutischen Schulen und Verfahren. Dabei werden sowohl die von Freud als auch die von C. G. Jung beeinflussten Richtungen dargestellt: ein Kompendium der Kinder- und Jugendlichenpsychotherapie aus psychodynamischer Perspektive. Didaktisch durchdacht wird der Leser in die komplexe Thematik eingeführt und durch Fragen und vertiefende Literaturempfehlungen zum weiteren Studium angeregt.

Leseproben und weitere Informationen unter www.kohlhammer.de

W. Kohlhammer GmbH
70549 Stuttgart

Annegret Wittenberger

Psychoanalytische und tiefenpsychologisch fundierte Psychotherapie bei Kindern

2016. 176 Seiten. Kart.
€ 34,-
ISBN 978-3-17-030206-8

Psychodynamische Psychotherapie mit Kindern, Jugendlichen und jungen Erwachsenen

Entsprechend dem Verlauf von analytischen und tiefenpsychologisch fundierten Kinderpsychotherapien wird die Arbeit des Kinderanalytikers geschildert von der Diagnose über die theoretischen Grundlagen bis zum analytischen Prozess. Der Schwerpunkt liegt dabei auf Rahmen, Haltung und Beziehung, einschließlich eines kurzen Kapitels zur Elternarbeit. Fallbeispiele und Beispiele aus der Literatur veranschaulichen die wissenschaftlich fundierte Darstellung und machen das Buch auch für den Anfänger verständlich. Fragen und vertiefende Literaturhinweise regen zum weiteren Studium an.

Leseproben und weitere Informationen unter www.kohlhammer.de

W. Kohlhammer GmbH
70549 Stuttgart